昆虫考古学

小畑弘己

角川選書
610

目次

Ⅶ章 クリを食べたコクゾウムシ

終章　害虫と人の未来

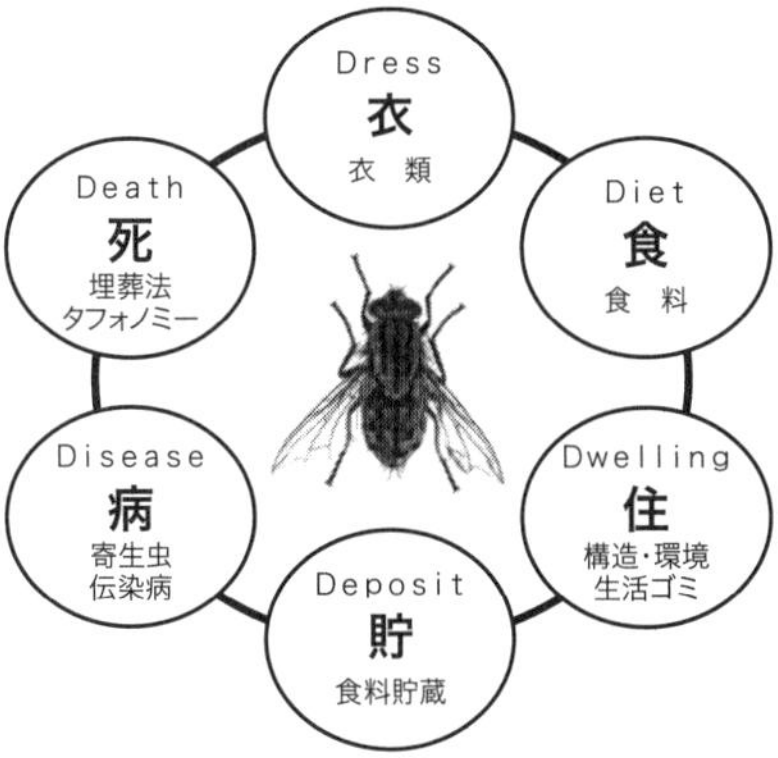
Dress
衣
衣　類
Diet
食
食　料
Dwelling
住
構造・環境
生活ゴミ
Deposit
貯
食料貯蔵
Disease
病
寄生虫
伝染病
Death
死
埋葬法
タフォノミー

はじめに

私は虫はさほど好きではない。ましてや専門家でもない。そのような私が、昨年秋、無謀にも大学の授業で初めて「昆虫考古学」というタイトルで講義を行った。授業を受けた学生はおそらく迷惑であったろう。数少ない考古学分野開講の特殊講義であり、単位をとろうとしたら、選択の余地なく、古墳や土器ではない虫の話である。授業に出てみればゴキブリやハエが解剖図や写真付きで出てくる。寝ていたのかもしれないが、正面をみない学生も多かった。

また、昆虫の専門家ではないので、昆虫学の基礎から勉強し、昆虫や害虫の概論部分はにわか勉強の知識で講義をした。講師も冷や汗ものであったが、聴かされるほうもたまったものではない。ただし、このおかげで、ゴキブリが一体なにものなのか、昆虫がいつどのようにして生まれたのか、クモやエビやムカデと昆虫はいかなる関係にあるのか……この歳になって改めて理解できた。高校時代には「生物」が得意科目であったが、その知識は永い年月の間に完全に銹《さび》ついていた。

本書のコンセプトは、縄文時代の植物栽培について上梓《じようし》した『タネをまく縄文人』とまったく同じである。豊富な自然遺物（植物・動物遺体）を出す調査対象として考古学者がもっとも好む、低湿地遺跡や水分の多い溝などの遺構の嫌気性土壌から検出される虫たちは、土器圧痕《あっこん》として検出される虫たちとはその種《しゅ》や数の組成が異なっている。簡単に言ってしまえば、遺跡土壌からは出てこない虫が土器の中から発見されるのである。

それらはとくに野外の土壌中には残りにくい家屋害虫の類であり、それらが土器製作中に偶然もしくは意図的に粘土中に取り込まれた結果そのままの形で残ったもので、圧痕はいわば「人が作った化石」といえる。その代表格であるコクゾウムシは尋常ではないくらい頻繁に私の目の前に姿を現す。どこへ行ってもこいつと出くわすのである。この驚きと感動は体験したものにしか味わえないし、見つけたことのない人にはおそらく伝わらないであろう。

以前はよく、縄文土器は「縄文時代のタイムカプセル」とかっこいい表現を使っていたが、最近では、「縄文時代のごきぶりホイホイ」、さらには「こばえホイホイ」とさえ言うほどになった。ことほどさように土器中の虫圧痕の発見率は高いのである。

この土器圧痕のもつ資料学的特性から、虫の圧痕で家屋害虫の研究ができないかと、「圧痕家屋害虫学」というきわめて狭い考古学・昆虫学の学際的新分野？　を立ち上げた。これが本書の由来である。

これまでの日本考古学における昆虫考古学がその資料的限界性から言い及ばなかった先

史・古代の人々の意（衣）食住の細かな部分まで、土器の中の虫たちが今、語り始めた。「圧痕家屋害虫学」が学問的に成立するか否かについては、まだまだ未知数の部分が多いが、本心では「けっこういけるのでは？」と、妙な自信をもっている。ご堪能いただきたい。

I章　コン虫とガイ虫

宮崎県山中遺跡出土のクモ圧痕レプリカのSEM画像

1　昆虫たちの自己紹介

地球上の生物は現在、５つの生物群に分けられている。動物界、菌界、植物界、原生動物界、原核生物界（モネラ界）である。このうち動物界には私たちヒトも含まれる脊椎《せきつい》動物門とともにウニやトカゲなどのような棘皮《きょくひ》動物門、イカ・タコ・貝類のような軟体動物門、ミミズやゴカイのような環形動物門、そして昆虫が所属する節足動物門などの多数の門が含まれている。

動物界に属する各門は大きくは脊椎動物と無脊椎動物に分けられ、私たちヒトは前者に、昆虫は後者の部類に入る。脊椎という一本の軸で支えられ骨の周りに肉がついている私たちヒトと、貫く固い軸がなく硬い殻で覆われた節が連なってできた昆虫は、そもそも体のつくりが違う。彼らは竹の節のような体節と付属肢（脚）からなるため、節足動物と呼ばれる。

同じような体の構造をもつエビやカニ、ムカデなどは昆虫と同じ節足動物であるが、昆虫は彼らとはその下の分類群である上綱（亜門）レベルで分けられる。エビやカニ、ダンゴムシは甲殻上綱、ムカデやヤスデは多足上綱であるが、昆虫は六脚上綱に入る。クモやダニやサソリなどは口の形が特徴的で鋏角《きょうかく》上綱に入る。ダニと混同しがちなシラミは昆虫なのである。

同じような体の構造をもつといったのは、環状の体節が連なっているからである。この体節にそれぞれ二対の突起（付属肢）ができて、これが口（顎《あご》）になったり、触角になったり、脚になったり、翅《はね》になったり、変化を遂げながら先の上綱のグループにそれぞれ進化してきた。その中で、昆虫は脚が6本というところに特徴がある。ムカデのような多数の体節と脚をもっていた動物が、複数の体節がくっついて、頭部、胸部、腹部の3つになり、脚も減って、6本となったものが昆虫である。

もう一つの昆虫の大きな特徴は翅である。もちろん翅が退化したものもあり、翅がない昆虫もたくさんいる。ただし、基本形は、頭に脳や目、触角などの感覚器官と口器を備え、その下部の胸部（前胸・中胸・後胸）には2対（中胸と後胸に1対ずつ）の翅と3対（各胸部に1対ずつ）の脚をもつ。そしてその下に消化管や生殖器などが入った腹部をもつ（平嶋・広瀬編 2017）。

カブトムシなどの甲虫を思い出していただきたい。カブトムシの後翅《し》は硬い鞘《さや》のような前翅《ぜんし》に覆われて隠れているが、4枚の翅で構成されている。飛ぶときに硬いハッチ状の前翅を開いて、中から半透明の柔らかい後翅が出てくるのをご覧になった方もいよう。また、お腹は横割れの線が複数見えるが、これが複数の体節がくっついた証拠である。ただしここには脚はない。脚は胸にある。また、クワガタのあの立派なハサミは顎（口）が進化し

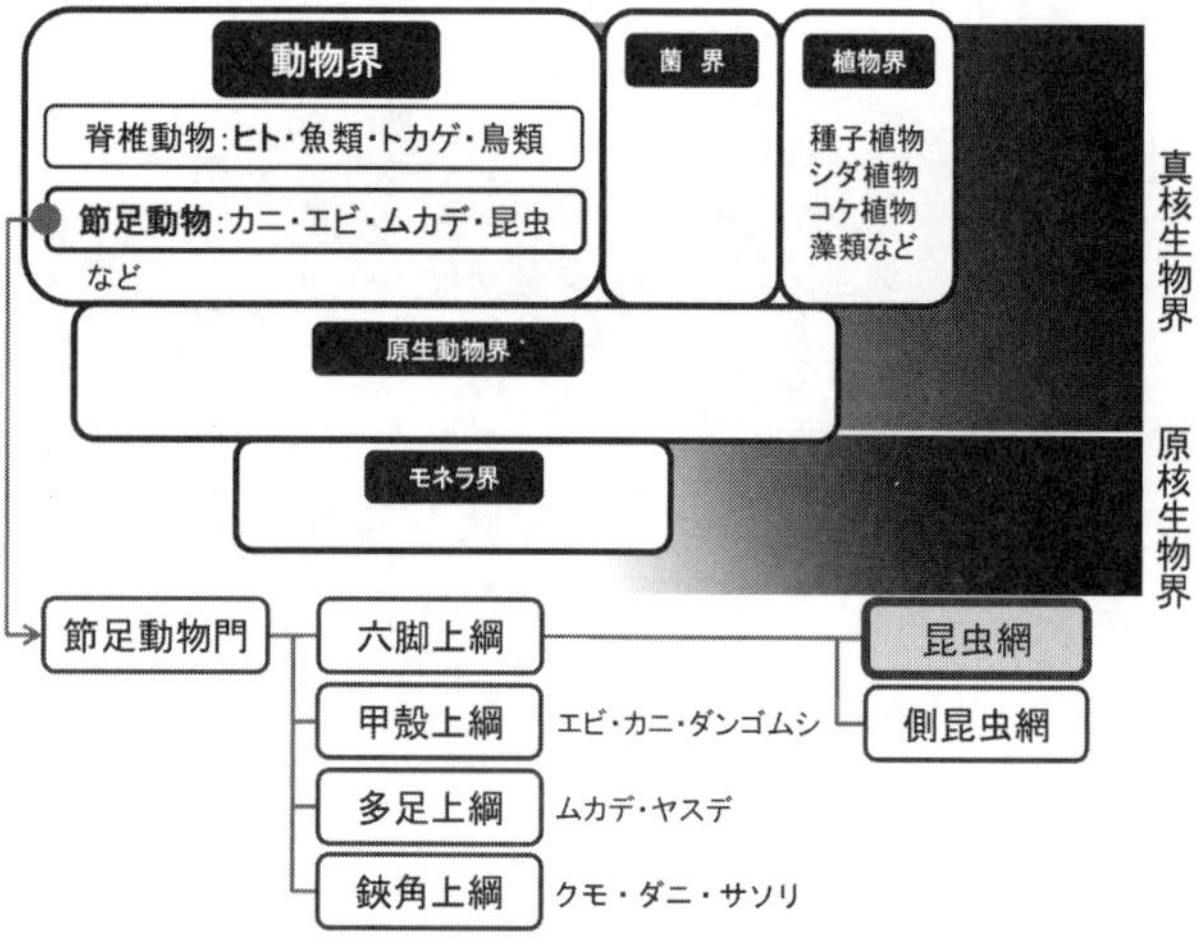

生物の分類と昆虫の位置(山崎2014より作成)

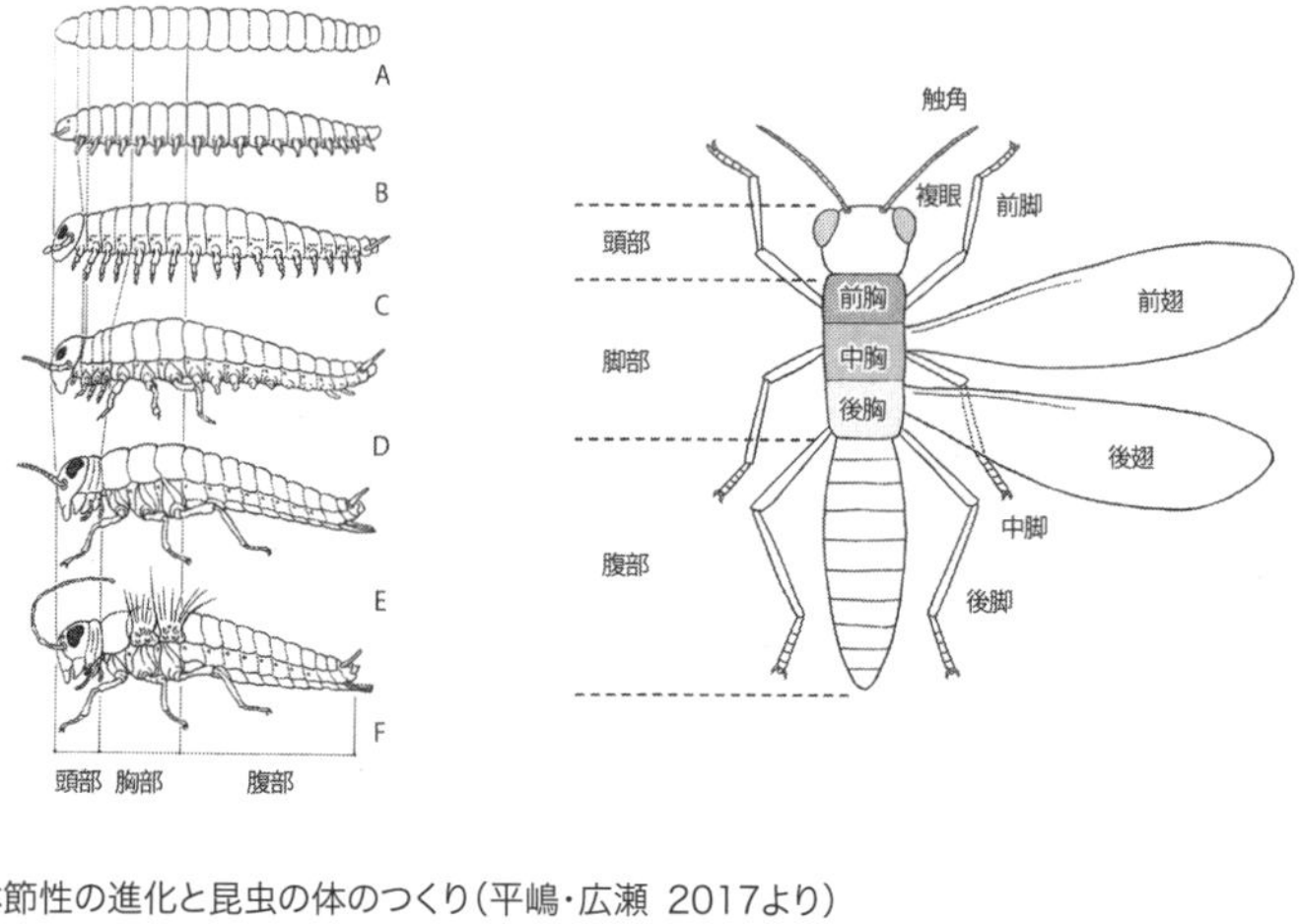

体節性の進化と昆虫の体のつくり(平嶋・広瀬 2017より)

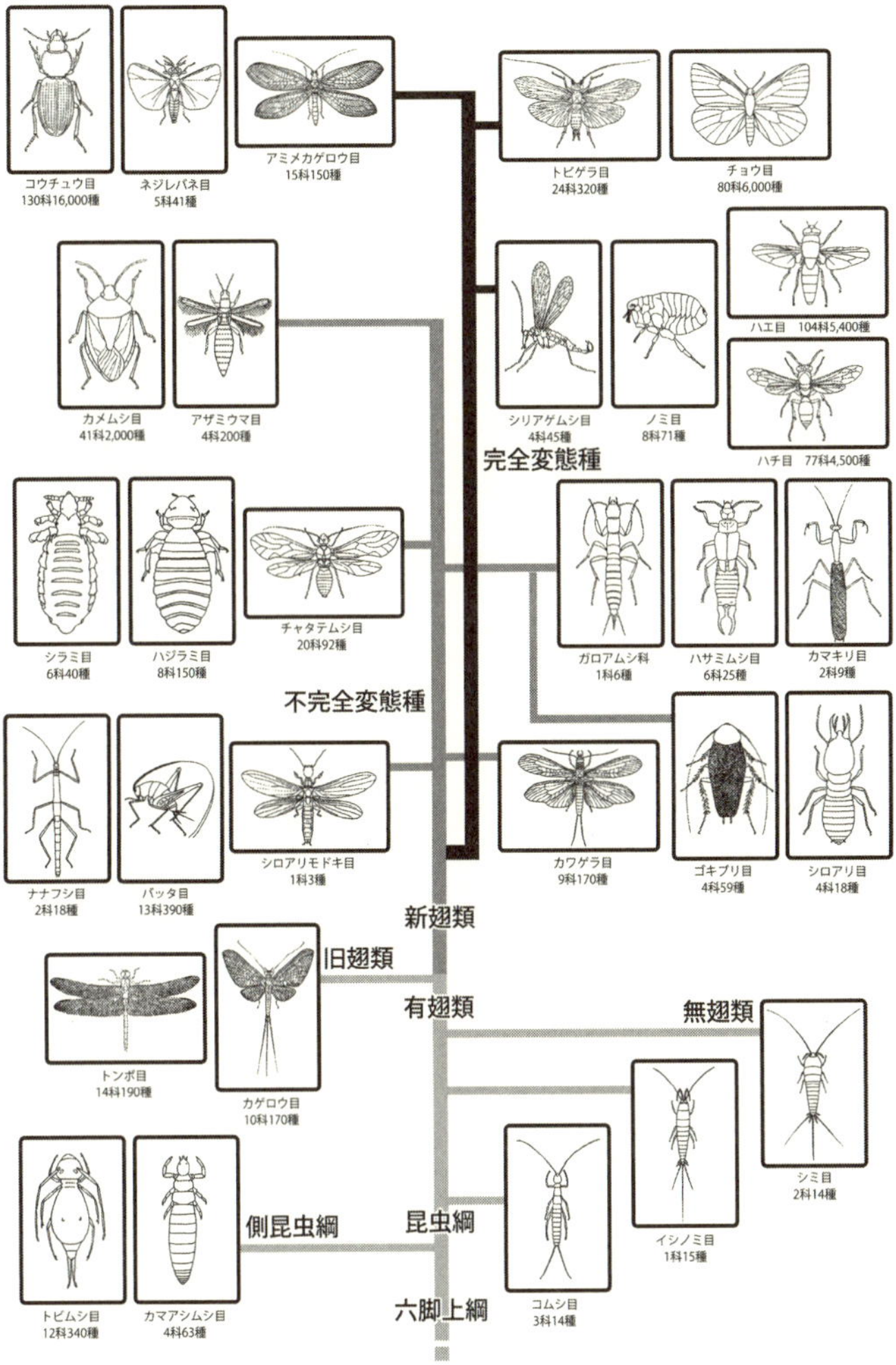

昆虫の系統図と進化の過程（山崎　2014・大原・澤田　2012より作成）※科・種数は日本産

たものである。基本、トンボもチョウもハチも同様の体の構造を備えており、仲間であることがわかる。ただし、クモやダニの脚は8本で昆虫の仲間ではない。シラミを捕まえられたらぜひ脚の数を数えてみていただきたい。

昆虫は31ほどの目《もく》（科の上位分類）に分けられており、カブトムシは甲虫目、ハエやカは双翅（ハエ）目に属する。翼竜よりも早い約4億年前にすでに翅で飛んでおり、現在のように多様な分化をとげたのは、1億数千万年前の被子植物の発展（多様化）が原因であったといわれている。

昆虫は脱皮して大きくなるが、脱皮しても幼虫と成虫の形が変わらない「無変態種」、脱皮して大きな翅を形作る「不完全変態種」、そして幼虫と成虫の間に蛹《さなぎ》の段階をもち、幼虫と成虫の姿が全く異なる「完全変態種」に分けられ、前者の方が原始的な形態である。蛹の段階を中間において、餌を食べ続ける幼虫と、餌を食べず飛びまわり生殖を行う成虫の段階をもつ「完全変態種」は、世界レベルでは甲虫目の37万種や双翅目の15万種に代表されるように多様な種をもつのが特徴である。これに対し「無変態種」で、翅をもたないシミ目は世界でも３４０種と少なく、多様な環境への適応性の無さを示している。昆虫の繁栄にとって飛ぶことがいかに重要であるかを示す例である。

文化的には「虫（蟲）」という名称は、日本の古い時代には魚と鳥と哺乳《ほにゅう》類を除くほぼすべての動物に対して用いられてきた。先に述べたようにクモやムカデは「昆虫」ではないが、「昆虫でない虫」と呼べる（丸山 2014）。

2　昆虫らしさとは

昆虫の種類は、現在１００万種以上が知られていて、推定される種数は３００万から８０００万ともいわれる。日本だけでも３万３０００種がいる。そして彼らが地球上に現れたのは約４億年前で、４００万年前に出現したヒトよりもはるかに古い時代から栄えていた。したがって、我々人間は地球上に現れたときから昆虫とは深い関わりを持っていたといえる（日本家屋害虫学会 1995）。

昆虫の繁殖に必要な環境および彼らが要求する食物は種によって決まっているため、昆虫の生態は非常に小規模な住環境を反映する。また、変温動物であるため、ほとんどが気温に鋭敏に反応する。たとえば、第四紀堆積《たいせき》物から出土する甲虫相をみると、高い移動性をもつ甲虫が植物よりも気温の変化により鋭敏に反応していることがわかる。甲虫相は過去における気温の敏感な指標であり、甲虫による微気候の推測はほぼ妥当といえる。

なぜなら、甲虫の種は彼らの求める気候の中では遺伝的に安定しており、気候や環境の変化ストレスに直面すると、遺伝的な適応よりむしろ、適当な場所に移動し食物選択を広げることで適応を果たしているからである（Dincauze 2000）。

昆虫は第四紀の間、少なくとも数百万年の間、形態的・生態的・生理的にもほとんど変化しなかったこと、そのため環境史復元にきわめて有効な指標であることはよく知られている（Buckland 1990, Buckland et al. 2004）。

環境指標として有効な昆虫の特性は、以下の5点を挙げることができる。

1. 種類と絶対数が多く、生息域《せいそく》が至る所にある（資料の豊富さ・広域性）
2. 特定の生息環境を示す（分布の局所性）
3. 同定がしやすい（個性的形態）
4. 数百万年間、形態的・遺伝的変化に乏しい（遺伝的安定性）
5. 温度変化に敏感でそれに伴い居住域を移す（高移動性）

3　家屋害虫とは何か

「害虫」という分類群は生物学的には存在しない。害虫は人に与える害の対象によって、農林害虫、衛生害虫などと呼ばれ、またより細かく、木材害虫、食品害虫、書籍害虫など、加害対象によって呼び方を変える場合がある。よって、「害虫」という概念は、人間側の解釈に左右されるものであり、いわば社会的な概念といえる。

その害虫の一つに貯蔵食物を加害する「貯蔵食物害虫」があるが、その生活型も生物学的立場からは実際には存在しない。その理由は、人間の貯蔵物の中から見つかるほとんどの虫は貯蔵施設の外、つまり鳥の巣、アリ塚、げっ歯類の巣、もしくは畑の熟した種子や果実の上、落葉の層の中、樹皮の下、動物の死肉の上などからも見つかるからである。ほとんどの貯蔵食物害虫は食料や繁殖用の培養基質を求めて広い範囲を活動的に飛び回る。そして彼らはそれら培養基質の人工的な堆積の上や中で大量になったときのみ、「貯蔵食物害虫」となるのである（Plarre 2010）。

この点からみて、害虫は人為的な微環境に生態的に適応を果たした昆虫であり、貯蔵食物害虫は食料の貯蔵という行為が永続的になされることで持続可能な昆虫といえ、人の意識的・無意識的な関与なくしては生存しえない「栽培植物」と同じ生物群である。ただし、栽培植物が人に有益であるのに対し、貯蔵食物害虫は人との競争者であり、人に被害を与える。

一般に人間に危害を加える家の中の害虫を、私たちはしばしば「家屋害虫」という呼び方をする。しかし、「家屋害虫」とは、家屋そのものを加害する害虫という狭い意味と、家屋の内外に生活して人間生活に何等かの負荷を与える小動物群をさす広義の意味とがある。この家屋害虫の中で、屋内型は、(1)食植物性昆虫、(2)食肉性昆虫、(3)雑食性昆虫、(4)食菌性昆虫、に分類できるが、穀物や穀粉などの植物質貯蔵食物を食害するのは、(1)の食植物性昆虫である（日本家屋害虫学会 1995）。この中にはコメ、ムギ、トウモロコシなどデンプン質の穀類に加害するコクゾウムシ、ココクゾウムシの類、アズキに加害するアズキゾウムシなどがある。ただし、粉状になると、穀類の種類を問わずノシメマダラメイガやノコギリヒラタムシなどの食害を受ける。前者は健全粒に加害する「一次性害虫」、後者は破砕穀物や粉を好んで食害する「二次性害虫」に分類され、さらに湿気で傷んだものや菌を食するゴミムシダマシ科やヒラタムシ科の類の「周辺害虫」に分けることができる（吉田ほか 1989）。

ただ、家屋害虫にはハチやアリ、クモ、ムカデのような直接人を加害するものではないが人が嫌がるもの、そして、まれに危害を加える節足動物も含まれる。『家屋害虫事典』（日本家屋害虫学会 1995）によると、ネズミまで「家屋害虫」に含まれている。

4　害虫化徴候群とは

野生植物の栽培が始まると、植物は遺伝的形質を変えながら人間にとって有用な形質へと変化していく。これらの変化を栽培化徴候群といい、種子散布能力の低下や種子の大型化などはその代表格である（Fuller 2007）。これに対し、昆虫が人の生活システムの中に侵入し害虫化する場合は、基本的に遺伝的変化は伴っていない。

これは植物が周囲の環境変化に適応して自らの形を変えて馴染《なじ》もうとしたのに対し、昆虫は新しい好みの場所を探して引っ越しをして凌《しの》いだ、という適応法の差に起因している。昆虫にとっては引っ越し先がたまたま人の家であったというだけである。貯穀害虫であるグラナリアコクゾウムシやコクゾウムシのようなコクゾウムシ属甲虫も、ブナ科の種実に適応するために本来もっていた生態をフルに活用した結果に過ぎない。それは内共生バクテリアによってデンプン質に偏った栄養素でも成長できること、種実内で幼虫の発育の全期間を完結するという成長パターンを保持していることなどである。結果的にこれらが人との共生に有利に働いた（Plarre 2010）。

ただし、貯蔵食物害虫の中には、人間が作り出した微環境に適応し、人間に依存する生活型を身に付けたグループがいる。それは人が定住生活を始めて、食料を貯蔵するようになってからのことであり、まだ歴史的に浅い数千年の年月しか経っていない。この短い間に種が変化するはずはなく、その証拠に、これらは貯蔵食物がなくなると、すぐに野生型へと回帰する。この生活型にみる変化の過程を「貯蔵食物害虫化」（以下「害虫化」）、その貯蔵食物害虫化によって現れる生態的特質を「貯蔵食物害虫化徴候群」（以下「害虫化徴候群」）と呼んだ（小畑 2013）。その代表的な徴候とは以下の4点が挙げられる（梅谷 1987）。

1. 休眠性の喪失
2. 非飛翔《ひひしょう》性
3. 成虫の非摂食性

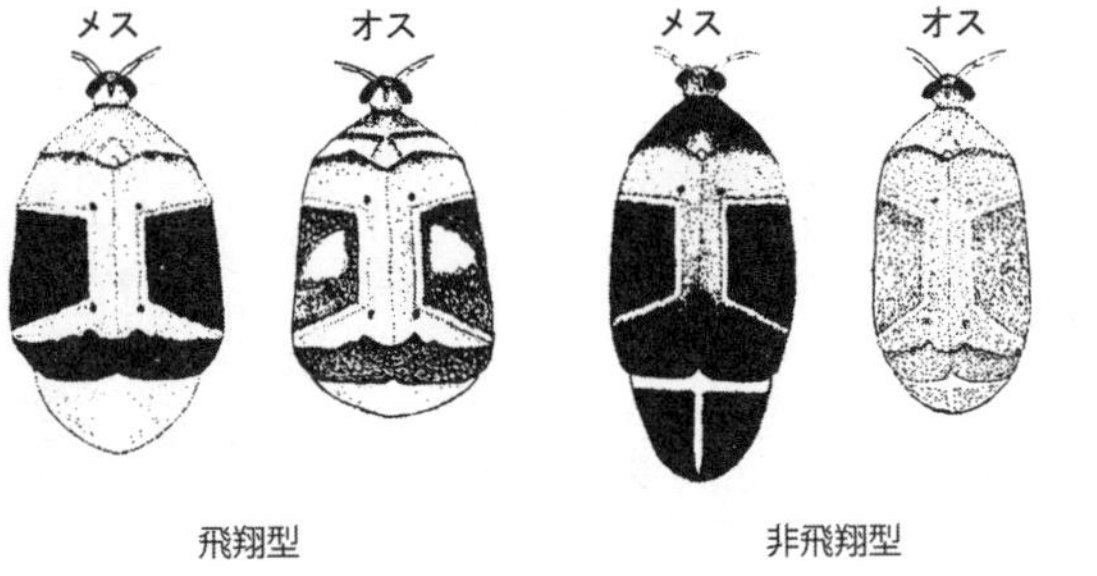

ヨツモンマメゾウムシの飛翔型と非飛翔型（Utida 1972より）

4. 多化性（複数回の産卵）

これらを示すよい例として、マメ類を加害するマメゾウムシ科の昆虫がある。害虫マメゾウムシ類にはその生活型に野外型と屋内型の2種がある。野外型は成虫が畑の未熟なマメの莢《さや》に産卵し、孵化《ふか》した幼虫はマメ粒の中に食入してマメの成熟とともに育つもので、日本で確認されている害虫マメゾウムシ類のうち、ソラマメゾウムシとエンドウゾウムシがこれに属する。

これに対し、屋内型はアズキゾウムシとヨツモンマメゾウムシで、幼虫は完熟したマメだけで生活を繰り返すことができる（梅谷1987）。同様に、コクゾウムシ属の中でも、グラナリアコクゾウムシと我が国のココクゾウムシは屋内型であり、彼らは完全に人間が作り出した人工的な穀物貯蔵システムに適応しており、とくにグラナリアコクゾウムシは今日まで自然の貯蔵場からは発見されていない（Plarre 2010）。コクゾウムシは基本的に屋内型であるが、ムギ畑での圃場《ほじょう》加害も記録されており、野外型と屋内型の折衷型の生活型をもつ。彼らは8月頃から越冬場所へ移動を開始し、休眠する。翌年の春先に花の蜜《みつ》を吸い、6月頃再び倉庫にムギが運び込まれると、貯穀場所へと侵入する（吉田ほか1956・1989）。

ヨツモンマメゾウムシの成虫には、飛翔型と非飛翔型があり、形態的にも異なりがみられる（梅谷1987）。飛翔型は翅が長く、飛ぶためのエネルギーとなる脂肪量も多いのに対し、非飛翔型は脂肪が少ない代わりに、腹の中には成熟した卵がつまっていて羽化直後でもすぐに交尾・産卵を行う。つまり非飛翔型の方が増殖に適しているといえる。彼らは貯蔵マメの上で「飛ばず（どこにも行かず）」、「食べず」、「休まず」、ひたすら卵を産み付け遺伝子を残そうとする。

興味深いのは、この両型間は食料事情次第で世代ごとに逆戻りするという点である。貯蔵マメにも限りがあるため、彼らは貯蔵マメばかりに依存していれば死滅してしまう。そこで必要なのが野外マメへの再適応である。その再適応のメカニズムは、貯蔵マメの中で多数の幼虫が生まれると、その新陳代謝で出た熱の影響で発育の遅れた、発育期間の長い虚弱体質の幼虫が生まれ、それがゆっくり育つことで飛翔型となる。

そして、その個体は飛ぶことで野外へ移動し、野外の一年生草本のマメに産卵し、マメの収穫によって再び貯蔵マメの中へ運ばれるという仕組みである。この成虫の2型は屋内と野外を結ぶとともに、野外のマメを仲立ちにして分布を広げるのに効果的である。貯蔵マメでは餌を食べないマメゾウムシ類は野外で摂食・延命し、屋内貯蔵マメへの再侵入、産卵、またはマメ畑の完熟マメへの産卵、マメの収穫による貯蔵マメへの再侵入という循環を繰り返して繁殖する（梅谷1987）。

コクゾウムシは飛べるが、その飛翔範囲は、伝播源《でんぱ》（農家の穀倉）から400ｍを超えないという（吉田ほか1956）。同様に、貯蔵食物の栄養基の中で1年間を過ごすグラナリアコクゾウムシやココクゾウムシは基本的に飛翔しない（Plarre 2010）。通常、種子と乾燥植物質はほとんど水分を含まないため、昆虫は乾燥食物の中の炭水化物の異化を通じて水を得ている。この2種は飛ばないことで水分の過剰な消費を抑え、乾燥食物に適応しているのである。グラナリアコクゾウムシの鞘翅《しようし》（前翅）は癒着して開かない。また、成虫のコクゾウムシは肉体的には可能であるが、ほとんど限られた飛翔行動しかみせない。日本のココクゾウムシは飛べないともいわれている。

ヨーロッパ・地中海域の考古遺跡から発見されている貯蔵食物害虫の中には屋内型で飛翔性をもたない種が4種類ほど存在している。また、目が見えない種もあり、人間および加害物の移動が無ければ、拡散が不可能で、その拡散をまったく人間に依存していた（Ⅵ章1節参照）。この点からみても、コクゾウムシ属甲虫も人為的な栄養基の移動・運搬が無ければ広範囲の拡散が不可能な害虫といえる。

「飛ばない」、「食べない」、「休まない（眠らない）」。裁量労働制で昼夜・平休日に関係なく働かされている人間も大変だが、害虫はもっと大変である。せめてマメだけはたくさん食べさせてあげたい。

II章　縄文土器はごきぶりホイホイ

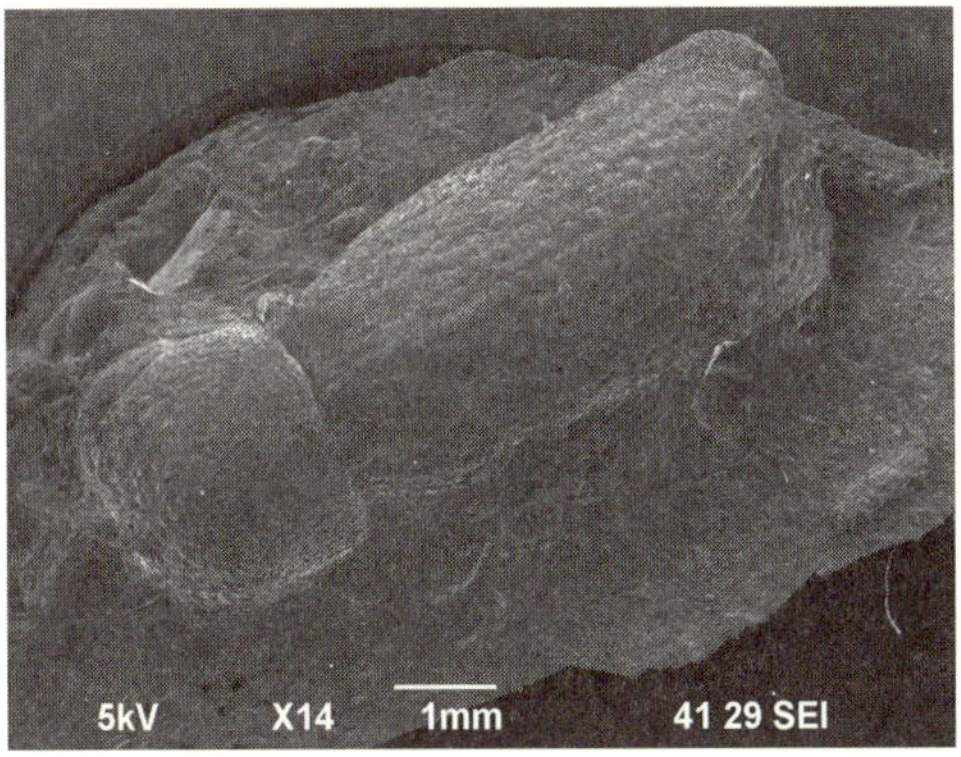

青森県三内丸山遺跡出土のオオナガシンクイ圧痕レプリカのSEM画像

1　昆虫のタフォノミー

昆虫は嫌気性の堆積《たいせき》物の中から植物遺存体に次いでもっとも一般的に発見される同定可能な大型化石とされる。その堆積物の代表である低湿地遺跡を掘ったことのある考古学者なら誰しもが、虹《にじ》色に輝くその光沢のある外殻片を見たことがあるであろう。また、糞《ふん》や穀物などの物質が炭化するとその中に含まれる昆虫も保存される場合がある（Buckland 1990）。昆虫はキチン質の外殻をもつため、湿潤であれ乾燥であれ、埋没環境が安定しさえすれば遺存状態はよい。とくに甲虫の外殻は永続性があり、普通のハエは蛹《さなぎ》状態（囲蛹《いよう》殻《かく》）で残りやすい（Dincauze 2000）。このため、これらが研究の対象物となりやすいのである。

考古学的な残存状況には以下の五つがある。

1. 泥炭層や湖・井戸など湿った条件下で残存
2. 火山噴火や人為的な加熱により炭化して残存
3. 乾燥による残存
4. 無機物に置換され、鉱化（無機化）して残存
5. 土器圧痕《あっこん》として残存

ヨーロッパにおいても貯穀害虫グラナリアコクゾウムシの最古の化石は土器圧痕であるという（Panagiotakopulu 2000）。土器圧痕は、4の抜け殻（内部空間）とよく似た残存状況であるが、土器内の圧痕は土器焼成による熱によって生物体が焼けて形成されるもので、まれに内部に炭化した昆虫が残存している場合がある。

以下、1～3を「生体化石」、4・5を「無機化石」と呼び、土器圧痕の場合、単に「圧痕」と表記する。我が国の考古遺跡における無機化石の好例としては、古墳時代の墓から出土する鉄器にハエの囲蛹殻が銹《さび》ついて（鉱化して）残る例がある。

本書で扱う主な昆虫化石は、この5の圧痕と4の銹化《しゅうか》痕跡の2種である。とくにこの「圧痕」は多様な昆虫を捕らえるのに長《た》けており、肉眼による土器上のタネやムシの「圧痕」を探し出す方法を「第二の発掘」と呼んだ（小畑 2016）。ここには、遺跡の発掘調査（第一の発掘）で摑《つか》んだ遺跡の性格に関する評価が、この第二の発掘によって覆される場面も多々あり、考古学者が発掘後に必ず行うべき作業という意味合いが込められている。

2　日本と世界の昆虫考古学研究

我が国でも遺跡から出土する昆虫の研究は個別的な分析報告やそれに基づいた研究があるが、それらを体系的に整理し、昆虫考古学の概念的整理を行っているのは森勇一氏である。森氏によると、昆虫によって推定可能な古環境の指標性は大きく以下の6種類に分類される。水域環境（流水性・止水性・湿地性）、植生環境（草原性・訪花性・森林性）、栽培および農耕（稲作害虫・畑作害虫）、汚物集積（食糞性・食屍《しょくし》性）、地表環境（湿潤・砂地乾燥・林床内）、気候推定（寒冷型・温暖型）である。これは昆虫が人為的改変を含む環境指標として有利なことを示している（森 2004）。

ただし、ここで示される昆虫相は「都市」や「里山」などの景観および生活環境を表すもので、「トイレ」や「ゴミ廃棄場」などの一部を除いて、人為的微環境を示してはいない。また、害虫として扱われるのはコクゾウムシを除き、稲や畑作物の害虫であり、いわば野外型の昆虫群ばかりである。同様に昆虫と人の関係を概述した初宿成彦氏らの『昆虫の化石——虫の4億年と人類』（大阪市立自然史博物館 1996）においても、遺跡出土の昆虫遺体が示す周辺環境が述べられているだけである。

このようななか、宮武頼夫氏は意識的に屋内害虫として分類群を作り、平城京跡《あと》の長屋王邸・藤原麻呂《ふじわらのまろ》邸出土のクッキー状の炭化物の中に入ったコクゾウムシを紹介し、粉についたまま固められた可能性を指摘している（宮武 1995）。さらに平城京跡から発見されたノコギリヒラタムシやゴミムシダマシなどの貯穀害虫を紹介している（宮武 1999）。

これに対し、欧米における昆虫考古学の現状を知るには、エリアス S. A. の『第四紀昆虫学の進歩』（Elias 2010）が便利である。その一つの章である「考古学への昆虫化石の応用」には、英国、西ヨーロッパ諸国、北アフリカ・中東、北極圏地域、南北アメリカ大陸における昆虫考古学の研究の概要が記されている。また、扱う時代も旧石器時代から近代までと幅広い。とくに英国での研究には古い歴史があり、多くの調査事例や研究の蓄積がある。前身書である『第四紀昆虫とその環境』（Elias 1994）に比べれば、考古学関連の記述は頁数がボリュームアップしており、この16年間の昆虫考古学研究の発展ぶりを知ることができる。

この章の中に、昆虫化石を出土する人為的堆積物についての記述がある。北ヨーロッパや英国では昆虫の腐敗を遅らせる嫌気性水成堆積物から、甲虫類を中心とした昆虫化石がたくさん発見されており、これが研究対象の主体であるという。これについては、我が国の場合とまったく同じである。先史時代の道（泥炭地に木の基礎で作られたものが多い）、井戸の堆積物、地下水面下の古代の生活面なども調査研究の対象となる。興味深いのは、遺跡内だけでなく、その比較資料として遺跡周辺の池や湖、泥炭沼などの非人為的な同時期の層からの昆虫化石も調べられている点である。これは、人の関与がどのように自然を改変しているかを意識したもので、人共生昆虫をあぶり出すためにも効果的である。

また、床下、ゴミ箱の中、トイレ、下水道、土取り場などからの家庭ゴミもたくさんの昆虫遺体を産出する。昔の人々の生ゴミや汚物は彼らの生活様式や衛生状態、動物飼育、そして土地利用についての手掛かりとなる。人の排泄《はいせつ》物（大便）の化石である糞石も、こ

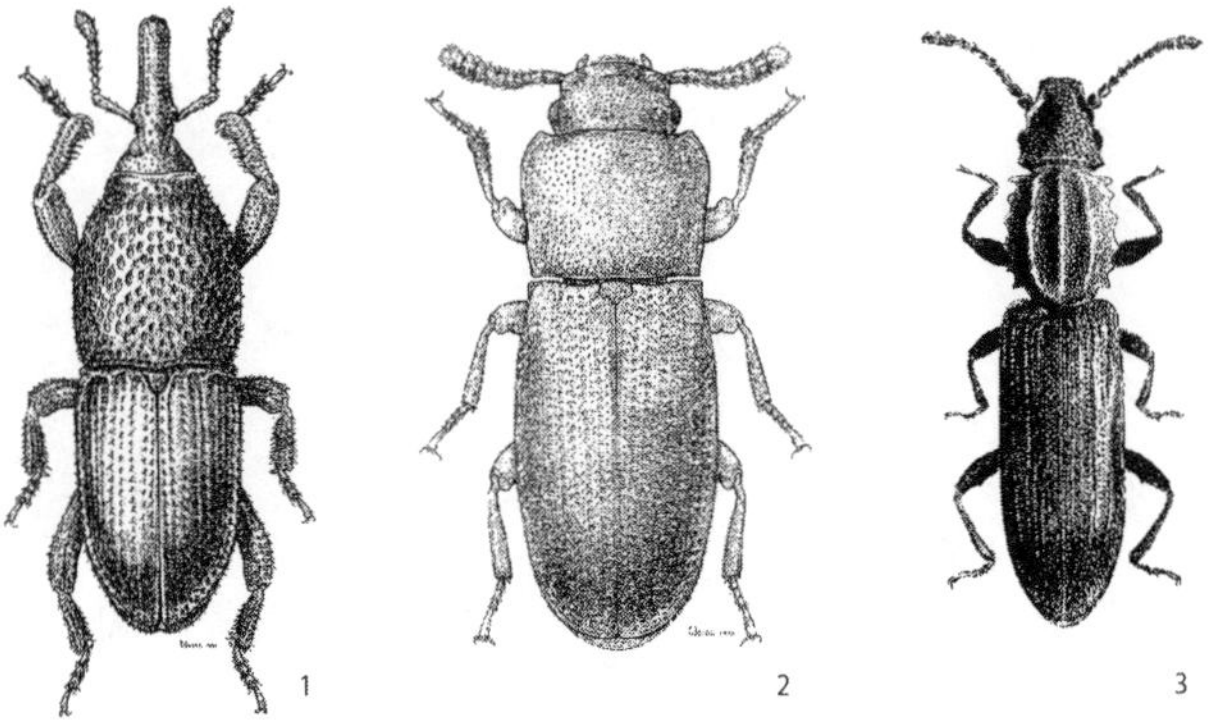

英国のローマ期の遺跡にみる三大貯穀害虫（Elias 2010 より）
1：グラナリアコクゾウムシ、2：ヒメコクヌストモドキ、3：ノコギリヒラタムシ

の点で貴重な資料として地域や時代によっては研究が盛んである。

　また、昆虫検出の対象は遺跡堆積物に限らず、グリーンランド、アラスカのアリューシャン列島、チリなどのミイラ、泥炭層に投げ込まれた人そのものにも拡大されている。これにより人に寄生した体内外の寄生虫から当時の食や生活様式、病気などが復元されている。さらに、貯穀害虫の化石がアメリカ先住民のプエブロ族の絶壁住居、エジプト・ファラオの墓、ヨーロッパの多くの中世の住居址から検出されるなど、貯穀害虫への関心も高い。これらは農耕の伝播《でんぱ》やローマ軍の侵攻、船舶による貿易などの貯穀害虫の拡散の手段や経路について教えてくれるだけでなく、食料の貯蔵法や防虫剤の研究などにも一役買っている。よって、沈没船もその調査対象となっている。

これらを概観すると、欧米における昆虫考古学の研究は、とくに人共生昆虫相、つまり遺跡における害虫、中でも貯穀害虫（コクゾウムシ類やマメゾウムシ類）についての関心が高い。ローマ期以降の遺跡や中世の遺跡においては、当時の貯穀害虫の被害が大きかったことや、家畜との共住やその排泄物やゴミの未分離などから不衛生な生活環境であったことなどが昆虫化石を使って指摘されるなど、人を意識した意図的な調査と研究が行われている。この点は我が国の研究においても見習うべきであろう。もちろん、この本の中でも遺跡における昆虫化石への考古学者の無関心さに対する遺憾が述べられているが。

総じて言えば、我が国の昆虫考古学の調査や研究において、家屋害虫に関する研究はきわめて低調である。貯蔵食物害虫もコクゾウムシとノコギリヒラタムシを除いてはほとんど知られていない。これは研究手法というよりは、検出される資料上の制約であり、調査・検出手法の限界かもしれない。ただし、古代のトイレや中世の井戸からたくさんの昆虫化石が検出された例もあり、私たちが古代や中世の遺跡で意識的に土壌を洗浄すれば、より多くの人共生昆虫の化石を発見することができるやもしれない。ただし、このような研究はまだ十分とは言えない。

ましてや、今から３０００年前より古い縄文時代の堆積層や遺構土壌から人共生昆虫を発見するのは容易ではない。それは長い年月が経過する中で有機物（ムシそのもの）が残りにくくなるということも原因に挙げられるが、当時はそもそも環境改変の規模も古代や中世と比べてさほど大きくなく、人とムシとの関係性が希薄であったと推定され、井戸もトイレもなく、単に低湿地の堆積層から昆虫が発見されたとしても、人と共生していた害虫であると判断するのはきわめて難しいからである。

3　先史・古代のムシはどのようにして我々の眼前に現れるか

しかし、人が定住化し、農耕や牧畜を開始し、穀物や食料を貯蔵するようになると、人と害虫の関わりは濃密になり、その痕跡は考古資料にも数多くみられるようになる。英国のローマ期の堆積物から検出された昆虫相の50〜70%は、貯穀害虫であり、多い場合は90%を超えるという。その主要なものは、グラナリアコクゾウムシ、ノコギリヒラタムシ、サビカクムネヒラタムシの3種であり、これらは多量に出土する。しかし、これらの貯穀害虫がどのようにして考古学的記録に残るのかという問題は十分に研究されていない。つまり、考古資料の検出状況からその由来をどのように読み取ればいいのかという視点の研究である。

これについてはスミスD.とケンワードH.が一定のモデルを示した。これら害虫が遺跡堆積物として出土する経緯は、穀物の収穫後の加害された穀物の処理の仕方により、

(A)

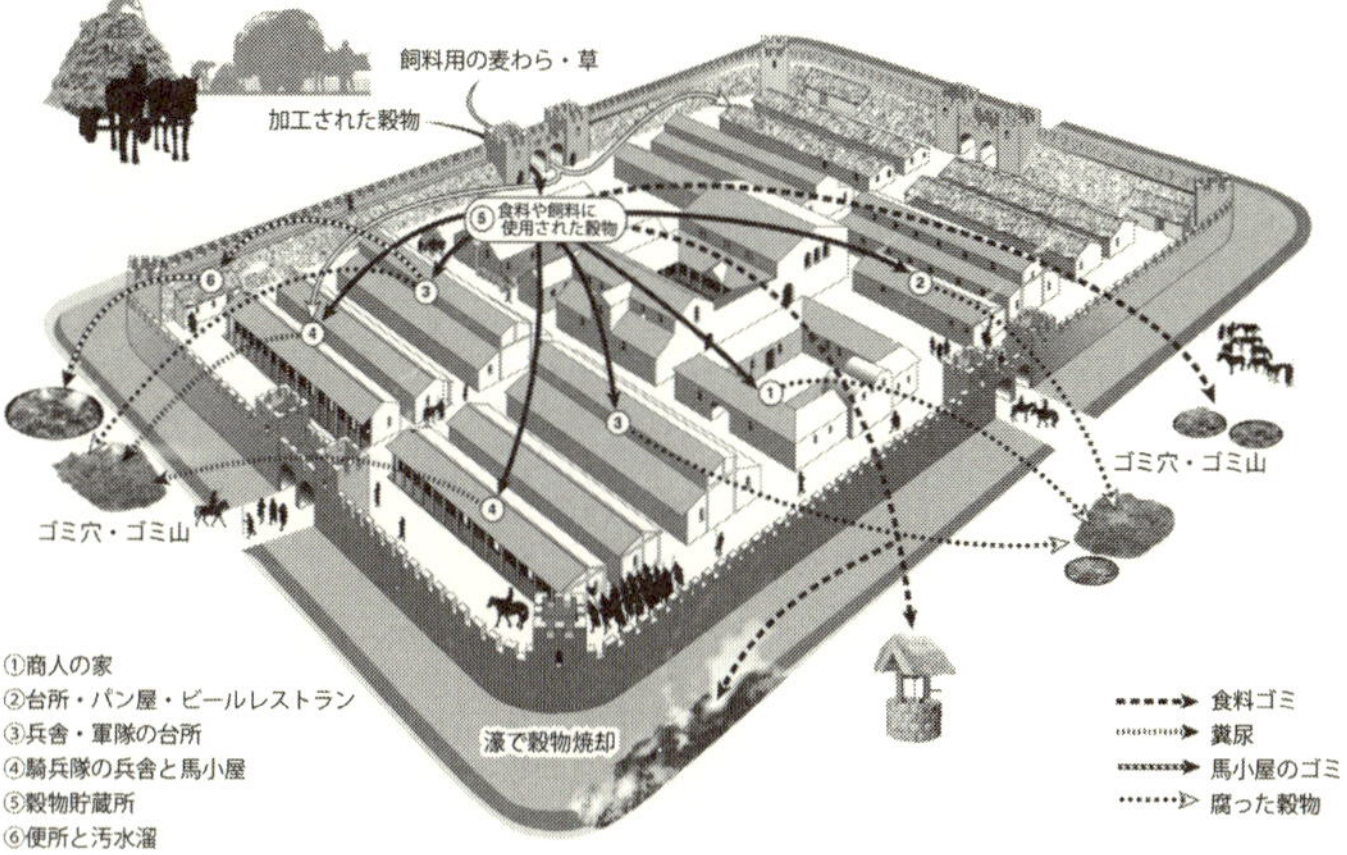

(B)

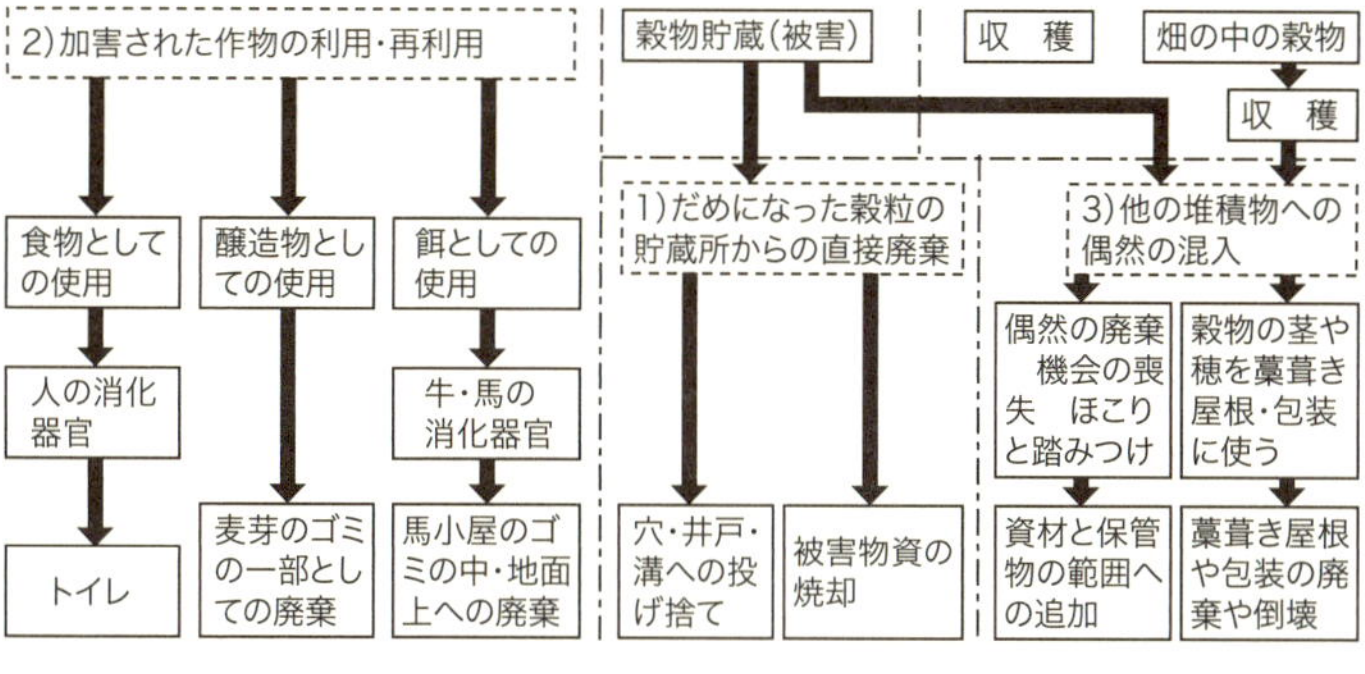

貯穀害虫の拡散・堆積のメカニズムと遺跡堆積物への残り方のモデル
(Smith and Kenward 2012より)
A:ローマ期の砦における貯穀害虫の堆積経路
B:考古学的記録へ貯穀害虫が記録される道筋

大きく次の三つのパターンに分けられる（Smith and Kenward 2012）。

1．偶然屋根材や他のものに入り、それらが廃棄されたり倒壊したりした場合（図中点線枠3）

2．貯蔵所から加害された穀物が井戸や溝に捨てられたり焼却された場合（図中点線枠1）

3．再度家畜の餌やビールの醸造、または人間の食用に供された場合（図中点線枠2）

最後の人間の食用の場合に、害虫の生体化石がトイレ遺構の土壌中から発見されることになる。これは簡略化された想定モデルであるが、コクゾウムシなどの害虫が、遺物となり、遺跡中の堆積物として発見されるまでの過程が思いのほか複雑であったことを予想させる。

では、これらをどのように遺跡での出土状況から判断すればよいのであろうか。

3)の偶然の廃棄の場合は、破壊された貯蔵施設からの貯穀害虫自体の自然拡散の結果であり、加害された穀物の意図的な廃棄ではない点は注意を要する。興味深いことに、ノコギリヒラタムシとグラナリアコクゾウムシを使った自然拡散（歩行）の範囲を調べた実験では、彼らは1秒間に3㎜、1時間に10・6ｍ歩行し、1日ではかなりの距離を移動するという。これをみるとムシ自身が歩いて他のものに紛れ込む機会は十分にあり得る。加害された穀物や貯穀害虫自体が偶然に考古学的記録に現れる場合は、個別的であり、その数は小さい。貯穀害虫の数が少ないことに加え、現れる種の数や発見された甲虫によって示される生態の両面において非常に多様である。考古遺跡の実例では、排水溝の堆積物には道路のさまざまなゴミなどが混じり、貯穀害虫の数は昆虫相全体の10％以下と低い。加えて堆積後の攪乱《かくらん》を示すような多様なものが含まれる点がこのパターンの遺物組成の特徴である。

また、貯穀害虫の偶然の堆積（混入）の実例として、中世の藁葺《わらぶ》き屋根の藁の中からグラナリアコクゾウムシが数多く発見されている。この原因として、穀物加工の副産物が屋根材として使用されたか、屋根の装飾に利用された籾《もみ》付きの穀物束が加害された可能性の両者が指摘されている。

これに対して、1)の意図的な廃棄の場合は、考古資料への出現の仕方と堆積物の内容が異なる。これは、加害された穀物で意図的に道路や庭の穴を埋めたり、井戸を潰《つぶ》す際に廃棄されたりした場合などである。この場合の堆積物中には、①健全穀粒を加害するグラナリアコクゾウムシのような一次性害虫以外に、ノコギリヒラタムシのような破砕穀物や粉を好んで食べる二次性害虫などを含むこと、②貯穀害虫の比率が昆虫相の50％を超えること、③他の居住ゴミや食料残滓《ざんし》を含むこと、などの特徴がある。ただし、この場合、加害された穀物自体は腐ってほとんど出てこない点は注意を要する。使用済みの井戸はこのような廃棄物を捨てる格好の場所であったようで、埋め戻しのためにさまざまなものが廃棄された。

英国のウエストミッドランズ地方マンセッサーにあるローマ軍の要塞《ようさい》の井戸からはかなりの量の馬小屋のゴミが出てきた。多くの井戸から植物、骨、腸内寄生虫の卵などが出てくることは、腐った穀物に加え、他の農業ゴミや家庭ゴミの捨て場として使用済みの井戸が再利用されたことを示している。井戸の中から出てくる祈りの供物、動物遺体、人間の体の一部などは井戸納めの供物として投げ込まれたものと考えられる。

このような意図的廃棄は貯穀害虫を死滅させ、二次的な被害を防ぐために行われるものであり、害虫の封じ込めの意味もある。その好例として、ヨークのコニー通りの2世紀の倉庫からは、膨大な数の貯穀害虫遺体が建物基礎の角材の穴のシルト（沈泥）の中に閉じ込められたような状態で発見されている。

「意図的な廃棄」のもう一つの処理法である加害穀物の焼却の場合は、炭化した多量の穀物中に炭化した貯穀害虫が含まれる場合に検出可能である。ただし炭化した貯穀害虫遺体は非常に脆弱《ぜいじゃく》であり、検出が困難である。そして貯穀害虫が一緒に検出された場合でも炭化穀物に極度の加害の痕跡を見つけることも難しい。しかし、ローマ期の英国ではこのような手法が害虫被害の蔓延《まんえん》を防ぐ日常的な方法であったようである。

2)の食もしくは食材、餌としての再利用の場合、人の食料、牛馬の餌、醸造用などが挙げられているが、ここでは、人の食料としての利用のみⅣ章において取り上げる。

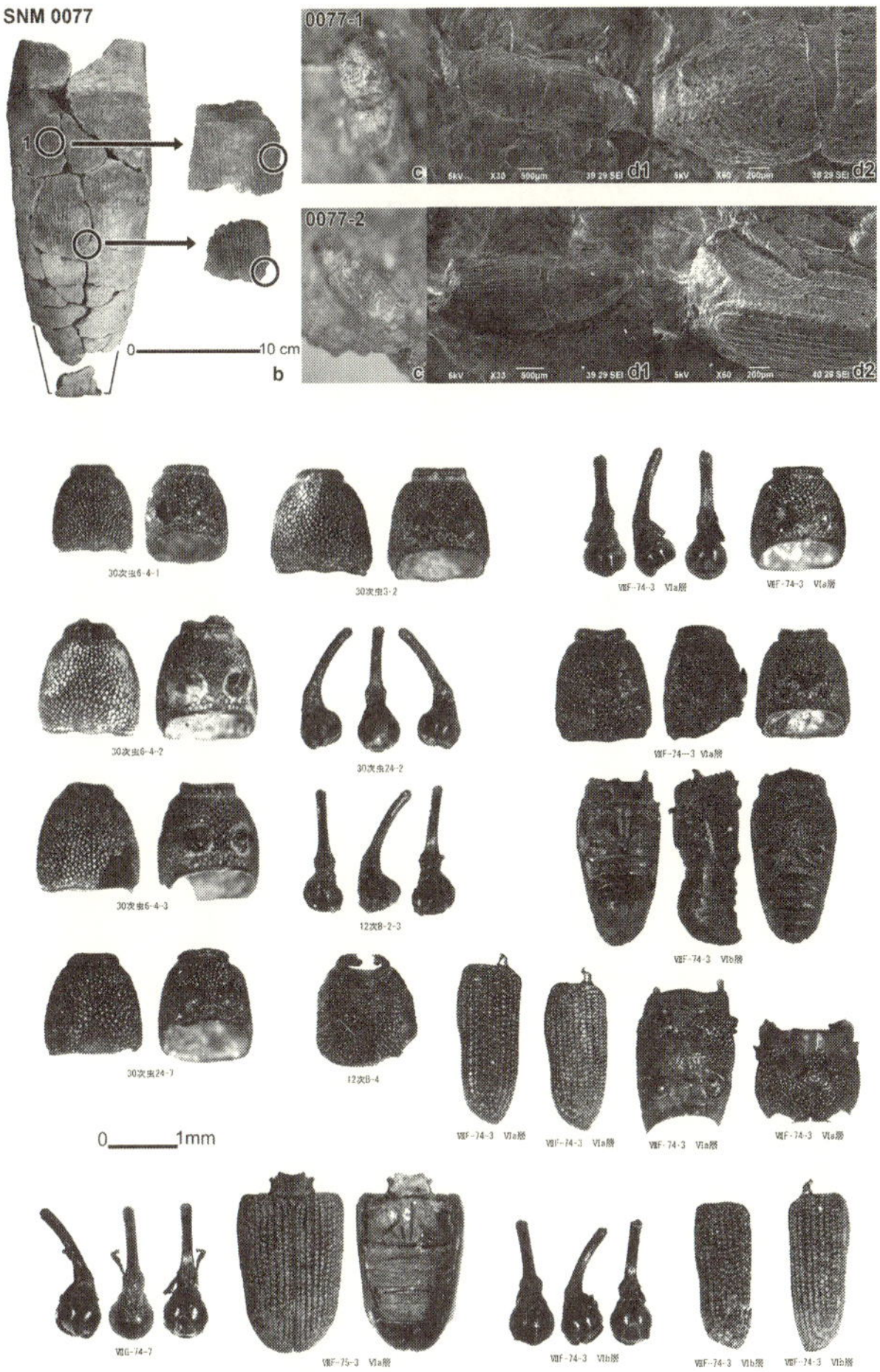

青森県三内丸山遺跡で発見されたコクゾウムシの生体化石と圧痕レプリカ

青森県青森市三内丸山遺跡からは縄文時代の例としては唯一コクゾウムシの生体化石が発見されている。土器圧痕の調査によってもコクゾウムシが多数検出された。寒い冬をもつ地域においても、人の家屋という暖かく、食料豊かな場所があれば、彼らが生息できたことを見事に示している。

三内丸山遺跡の第6鉄塔地点から多量に検出されたコクゾウムシは自然発生ではなく、加害された堅果類と一緒に廃棄されたものかもしれない。先の1)のだめになった穀粒の貯蔵所からの直接廃棄のパターンである。これに対し、土器に紛れ込む場合（土器圧痕）は、単体の場合は、住居内の屑《くず》やゴミとして、または粘土上を這《は》っていたものが偶然に土器中に紛れ込んだ可能性がある。3)の他の堆積物への偶然の混入のパターンである。

遺跡土壌にしろ土器にしろ、異種の昆虫や他の植物のタネなど別種が入り雑多な組成を示し、貯穀害虫の比率も低い場合は偶然の可能性が高く、逆に昆虫が単一種でその割合が高い場合は意図的であった可能性が高い、という点は間違いないであろう。

4　家の中から発見されるムシのすべてが家屋害虫ではない

さすがに、家の中、たとえば竪穴《たてあな》住居址そのものや住居址内の土坑の埋土から出てくるムシの化石はすべて家屋害虫であろうと思われるやもしれない。その答えの前に述べておきたいが、土壌中から当時のムシを探し出すには、二つの点で困難さを伴う。まず、遺跡の乾燥土壌中には現在（近い現在を含む）のアリの頭などが多量に含まれるため、先史・古代のものであるという認定が難しい。それよりも竪穴住居址は普通台地の上にあるため、

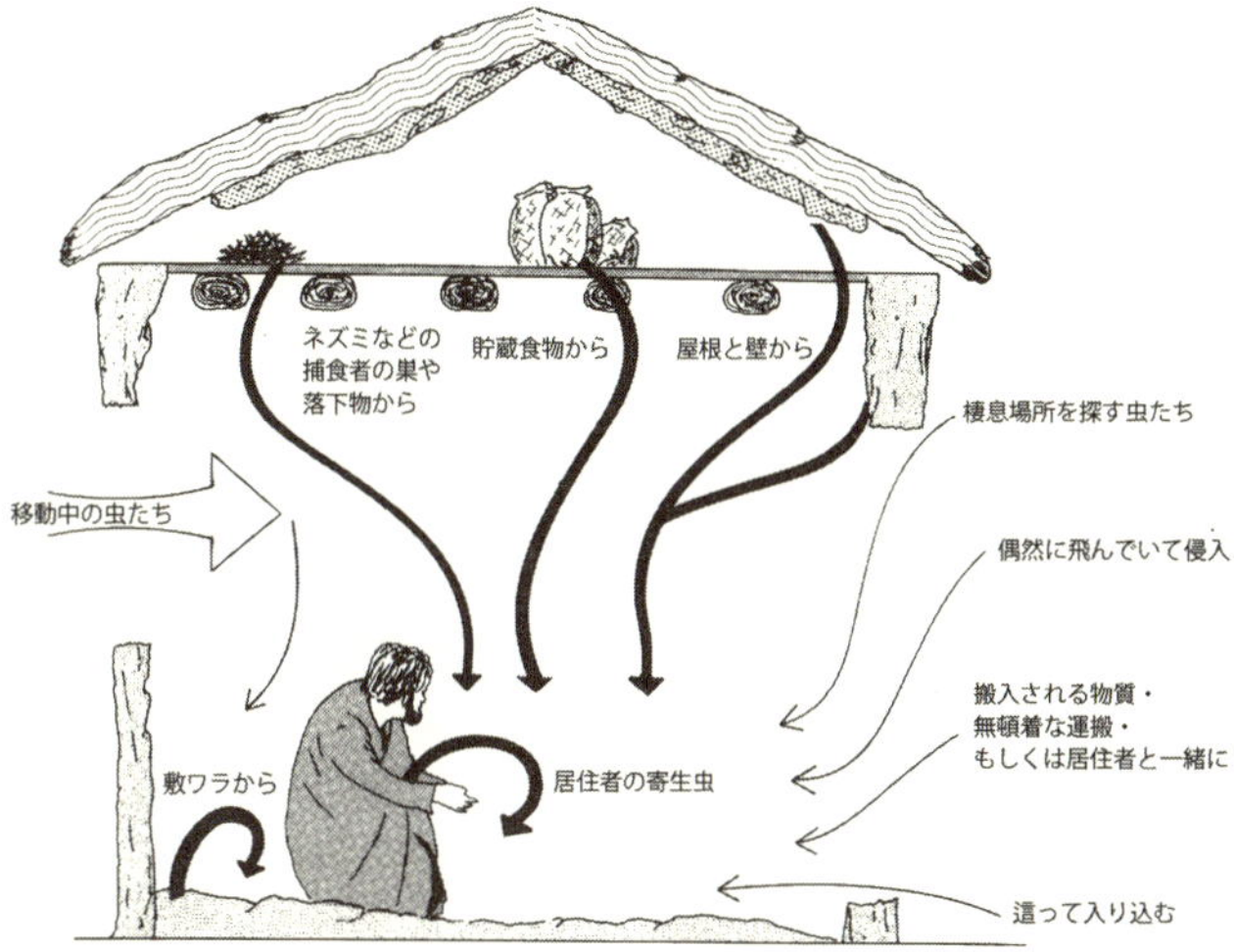

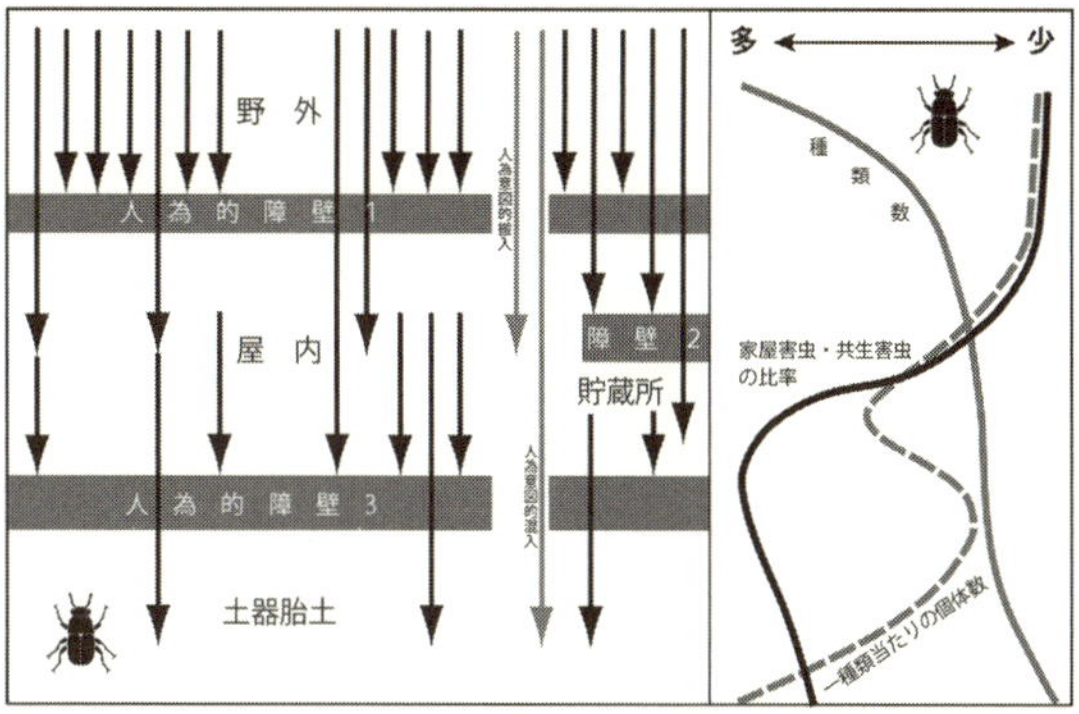

住居跡から発見される昆虫の家屋内への侵入パターン（Kenward 1985より）と昆虫の野外から土器への侵入モデル（小畑2014より）

ケンワード（1985）は家の中に昆虫が入り込むパターンについて研究し、住居跡の土壌中から発見される昆虫のすべてが家屋害虫ではないと警鐘を鳴らしている。

その土壌は低湿地の嫌気性堆積物のような密閉性に乏しく、その中の昆虫遺体は大部分が腐敗・消滅を免れない。また、火を受け炭化したとしても脆弱で細片化しやすく、検出に困難を伴う。

しかし、そのような障壁を乗り越えて首尾よく先史・古代の昆虫化石を得ることができたとしても、そもそも論として、家屋と考えられる遺構内の堆積物中から発見される昆虫相が家屋害虫をどれほど示すのかという問題がある。実は、これらはすべてが人共生昆虫、つまり家屋害虫であるとは言えないのである。

英国の考古遺跡においては、人為的な生物と非人為的な生物が混在して発見され、その二者を区別するのは困難であるという（Elias 2010）。ケンワードH．K．は古代住居内に堆積した昆虫の来歴を探るために現代の建築物の中の昆虫相を調査した（Kenward 1985）。その資料として、①無人の家の屋根、②人が住んでいる家の屋根、③地下倉庫、④床板の下、などから昆虫の死骸《しがい》を採取して、考古遺跡からの昆虫組成と比較し、考古資料をどのように解釈したらよいかを検討した。その結果、昆虫の数とその中に占める野外種の割合は、それぞれの資料において大きな変異をもつこと、その原因として、鳥の巣の存在、住居の入り口（隙間）からの距離、気流のパターンなどが大きく作用していることが判明した。

野外種が屋内に入ってくる経路は、人間によるもの以外に、鳥や他の食虫動物によるもの、彼らの自らの行為によるものなどがある。とくに鳥の巣の存在や昆虫が自ら入ってくることがあるため、考古資料を解釈するときには、これらを意識しなければならないと警鐘を鳴らしている。

また、スミスD．N．は現代の納屋の中の干し草、麦藁、干し草の山、厚い床の敷物と関連する甲虫相を調査し、遺跡の昆虫化石の組成からそのような環境を復元することの正確性を検証しようと試みた。しかし、それらの物質を、それに棲《す》みついている甲虫相に基づいて区別することは、堆積物の性質の問題のため不可能であると結論づけている（Smith 1996・2000）。つまり、干し草や麦藁は移動するものであり、たとえそれらに特有な甲虫が死んだ場合でも、それらは干し草や麦藁と一緒に屋外から小屋の中に人為的に持ち込まれる可能性があるからである。これは、「住居内の堆積土から発見される昆虫はつねに家屋害虫である」という、安易な推論に対する警鐘である。

これらは、私たちが竪穴住居址の埋土中から貯蔵食物害虫コクゾウムシを発見したとしても、彼らが害虫化していたのか否かすら判断できない、ということを示している。

5　備蓄銭と圧痕昆虫

しかし、土器圧痕昆虫の場合、人為的な障壁を潜り抜けて昆虫が土器胎土に入るには、さまざまな抜け道があるものの、家の中への侵入より条件は難しくなる。このような場合、野外から屋内へ、屋内から貯蔵所へ、それらから土器胎土中へ移っていく過程で、昆虫相の種類と数の構成は変化するはずである。つまり、野外から土器への道のりの中で、昆虫の種類は減少し、それとは反対に、1種類当たりの個体数や家屋害虫・人共生害虫の比率は増加するはずである。

コクゾウムシは、縄文時代の遺跡では三内丸山遺跡から唯一生体化石が出土しているが、日本全国では、そのほとんどが土器圧痕として発見されている。三内丸山遺跡での圧痕調査では、コクゾウムシ以外に、材木を食べるオオナガシンクイ、糞を食べるマグソコガネ、ドングリやクリを食べるクリシギゾウムシやコナラシギゾウムシの幼虫、キクイムシ類を捕食したり腐敗動物質や排泄物を食べるエンマムシ科の一種、食菌性で倉庫内のゴミの中や湿った糠《ぬか》などから発見され、藁や枯れ草・枯れ枝などを食し、貯穀・食品の害虫でもあるトゲムネキスイ属、穀類、とくに吸湿粉を加害することで知られているデオキスイ属、元来食材性で枯れ木や樹皮を食するものがほとんどであるが、穀類を直接食害する種が4種ほど知られているシバンムシ科の甲虫などの他、カミキリムシやクモの圧痕も発見されている。これらは一部を除き、その食性や生態からみて家屋に棲みついた害虫であったと考えられる。

この圧痕昆虫に人に近い家屋害虫が多いという傾向は、遺跡の堆積層から出る昆虫化石と比較することで、一層際立つ。土器圧痕も含め、三内丸山遺跡から発見されている甲

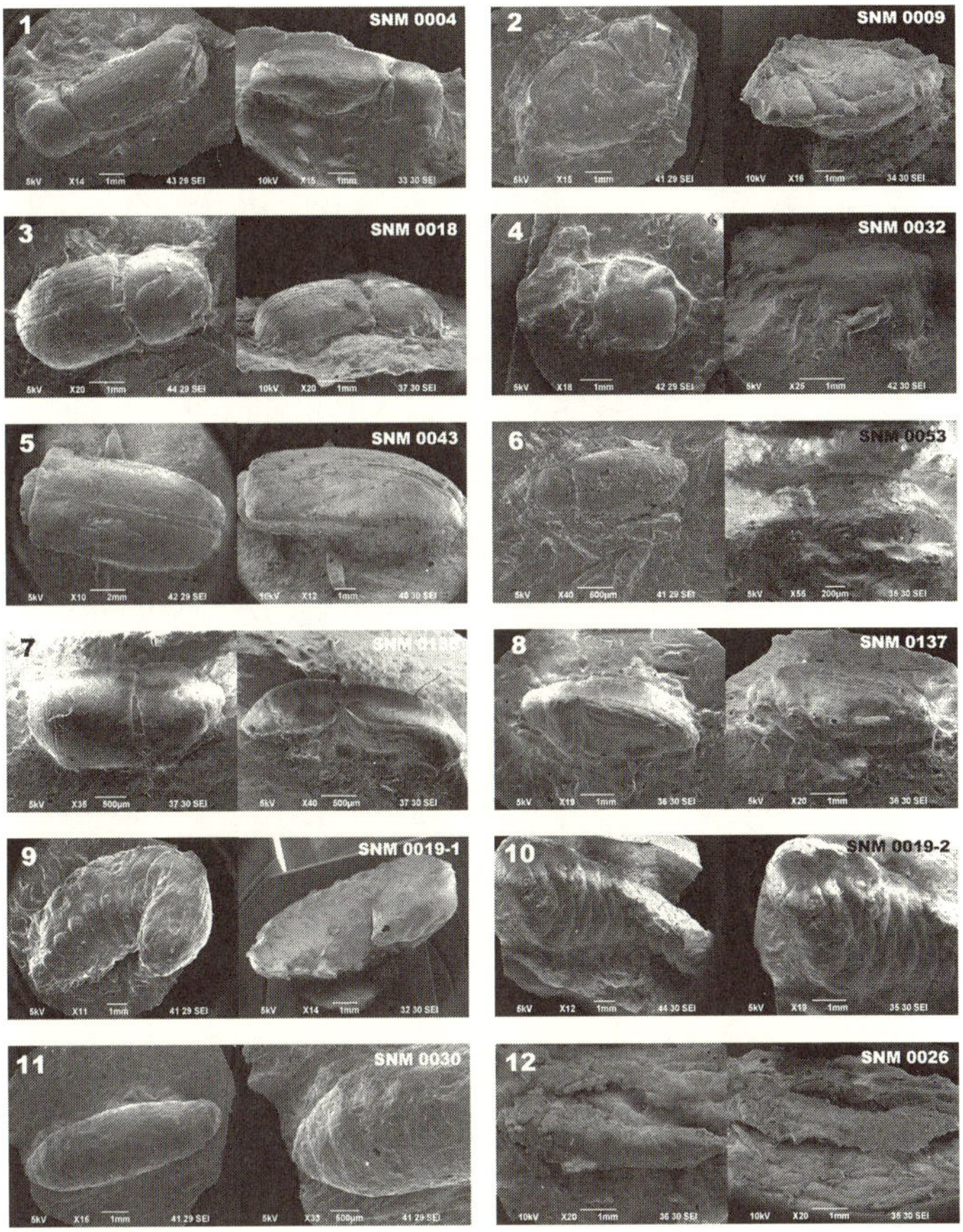

三内丸山遺跡から検出した圧痕昆虫

1：オオナガシンクイ・2：クモ目・3：マグソコガネ・4：エンマムシ科・5：カミキリムシ科・6：トゲムネキスイ属・7：デオキスイ属・8：シバンムシ科・9・10：シギゾウムシ幼虫・11：双翅目囲蛹？・12：不明種幼虫

虫・小動物は、科・目レベルで25種に分けることができる。これらを、その生態から、野外に生息《せいそく》する（一部人間利用の植物に食害を与える）「自然種」、汚物や腐肉（ハエの蛹や幼虫）に集まる「衛生種」、人間の住まいにも生息する「共生種」、そして貯蔵食物や材を加害する「害虫種」の4種に分類した。これを先の土器圧痕の構成に関する理論的モデルと比較してみると、種の数は圧痕資料の方が少なくなるわけではない。これは同定法にも起因する可能性はあるが、むしろ害虫の種類が増加し、野外の資料とほぼ変わらない数値を示した。

また、1種類当たりの個体数は理論モデルに反して圧痕資料の方がむしろ減っている。これらは、土壌資料中のハエ類の蛹とそれらに集まる衛生害虫の多さに示されるように、本遺跡の泥炭層が廃棄物や排泄物などを含む人為的堆積物（トイレ空間との推定もある：大田区立郷土博物館編 1997）であり、まったくの自然状態下での堆積物ではないため、特定種の数が多く、種類も限定されることに起因している。家屋外においてもこのような堆積環境は屋内とよく似た昆虫・小動物相を示すことがあり、先の理論モデルはまったくの自然堆積層と比較してこそ成り立つモデルといえる。

しかし、このような人為的堆積物と比較しても、圧痕資料における衛生種・共生種・害虫種の自然種に対する比率は94％ときわめて高い。害虫種のみに限ると、野外堆積物でもっとも高い比率を示す30次調査資料でさえ21％であるのに対し、圧痕資料では74％と昆虫相・小動物相のほぼ4分の3を占めている。遺跡土壌資料は自然種が一定量含まれ、ハエ類などの衛生種が主体を占めているが、圧痕資料では害虫種がそれらを抑えて、8割という高率を示しているのである（小畑2013）。

以上を総合すると、同じ遺跡の資料でありながら、土壌資料に比べて圧痕資料の方が家屋害虫や人共生昆虫の比率が高く、土器胎土中には自然種の紛れ込みが少なかったことがわかる。何よりも、筆者の圧痕調査歴はコクゾウムシの発見歴といっていいほど、圧痕昆虫の中ではコクゾウムシが断トツである。同じ種の甲虫が圧痕調査を行った全国各地のほとんどの遺跡で発見されている事実は、土器作りの場にコクゾウムシがたくさんいたこと、縄文時代の家には普遍的な家屋害虫であったことを強く示唆している。かつての集計（小畑2016）では、圧痕コクゾウムシは圧痕昆虫の87・1％を占めていた。その後も圧痕昆虫を多数見つけているが、Ⅶ章で示すようにコクゾウムシ圧痕もそれをさらに上回る数を発見しているので、その比率は9割を軽く超えるであろう。

これまでの筆者の経験によると、土器圧痕種実は人間と共存していた植物（栽培植物・有用植物）が検出される度合いが高いため、三内丸山遺跡でみたように、圧痕昆虫も貯蔵食物害虫もしくは家屋に棲みついた昆虫である可能性が高い。

ところで、昔、中世出土銭の研究を行ったことがある。その中で中世銭貨の性格を概念整理した、「備蓄銭」と「廃棄・遺棄銭」の定義が、まさにこの「土器圧痕昆虫資料」と

「遺跡土壌昆虫資料」にぴったりである。つまり、「廃棄・遺棄銭」と「遺跡土壌昆虫資料」はどちらもバックグラウンドとしての意味合いが強く、その背景にあった流通銭と自然環境中の昆虫の全体組成をほぼ示す。

これに対して「備蓄銭」と「土器圧痕昆虫資料」はどちらも人によって選別もしくは自然淘汰《とうた》された（ヒトの食料や住環境に惹《ひ》きつけられた）ものばかりであり、偏った種組成を示す。備蓄銭には吉祥銭や良銭が選ばれて入るので流通銭全体を示すものではない。同じように、土器圧痕として見つかる昆虫は、周辺環境にいた昆虫の中で家屋内環境に侵入し適応した一部の昆虫であり、人との共生種が主体を占めるという特徴がある。よって、土器圧痕は人との共生昆虫を捕まえるのにもっとも適した捕虫網もしくはトラップであるといえる。

もう一つ圧痕昆虫が遺跡土壌中の昆虫と比べて優れている点は、種類の多様性にある。通常、遺跡土壌から検出される昆虫は甲虫目や双翅《そうし》（ハエ）目の囲蛹殻が主をなすが、これらは堅いクチクラ層で覆われ土壌中でも腐敗せず残りやすいからである。ただ、一方で甲虫やハエ囲蛹殻以外は捕らえにくいという欠点がある。もちろんトイレや井戸の土壌からはハエやトンボの翅《はね》も出てくるが、これらは非常に脆弱で壊れやすく、同定も困難である。

これに対して、圧痕昆虫は、ハエの成虫やクモ、さらには甲虫類の幼虫なども含まれており、土器器壁内に入る大きさのものであればほぼすべての家屋害虫を捕らえることができる。ただし、圧痕昆虫のもつ特性と意味は、遺跡土壌中から検出される昆虫組成と比較してこそ初めて見えるものである。困難さを伴うが、竪穴住居址《し》の床面の土の洗浄を含めて、多様な捕虫網で先史・古代のムシを捕まえる、その努力が今必要とされている。

先史・古代の昆虫採集、なんとワクワクする遊びであろうか。さあ皆さんも科学の網をもって遺跡へ出かけてみましょう。

Ⅲ章　ムシとヒトの歴史——シラミとゴキブリ

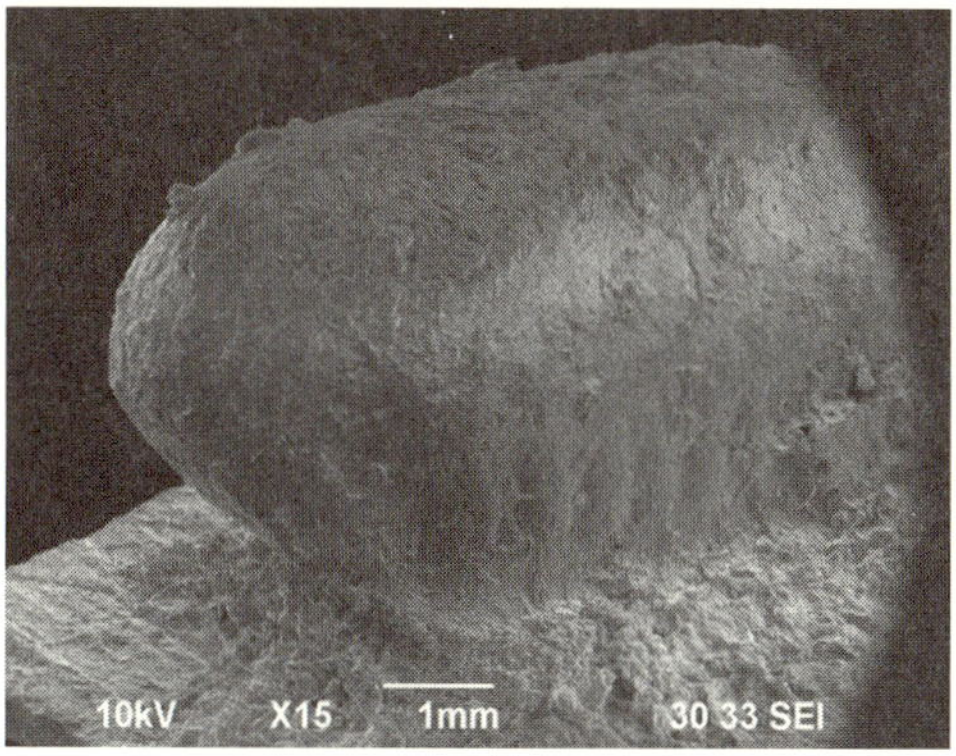

宮崎県本野原遺跡出土のゴキブリ卵鞘圧痕レプリカSEM画像

1　シラミが語る人類の接触

人の体に寄生する害虫・動物として、ノミやシラミなどの外部寄生虫と、体内とくに胃や腸などの内臓に潜伏する内部寄生虫がある。外部寄生虫にはこのほかトコジラミやダニなどがあり、人の血を吸って生き延びるムシたちである。

シラミは体長6㎜以下の小さな無翅《むし》の昆虫で、シラミ目に属する。蛹《さなぎ》の時期がなく（不完全変態）、一生を通じて哺乳《ほにゅう》類の外部に寄生し、血を吸って生息する。世界中に５００種が知られ、種ごとに特有の動物に寄生する（日本家屋害虫学会編 1995）。

そのうち、ヒトジラミは、人のもっとも古い外部寄生虫の一つである。人は、このヒトジラミの二つの亜種であるアタマジラミとコロモジラミ、そしてもう一つのシラミ、ケジラミに寄生されている。これらはすべてヒトジラミ科に属する。

このヒトジラミはおそらくヒト科以前の祖先の頃から人類と関係しており、初期人類の移動によって世界中に拡散したと考えられている。コロモジラミは人類が衣服を身に着けるようになった後にアタマジラミから分岐して発達したといわれている。その時期はインドネシア・スマトラ島北部のトバ火山の超巨大噴火による寒冷化の時期（7万４０００年前）であると推定されている（田家 2014）。コロモジラミは発疹《ほっしん》チフスや塹壕《ざんごう》熱《ねつ》などの伝染病の媒介者となる。

また、リードD．L．らは形態学的かつ遺伝的な分析に基づきヒトジラミの進化の歴史を示し、ヒトジラミが二つの系統をもつことを確認している。一つは世界中に分布をもつアタマジラミとコロモジラミの系統と、もう一つは新大陸（アメリカのホンジュラス）に分布するアタマジラミからなる系統である。遺伝学的分析から両者は118万年前に分岐したと考えられている。この後者の新大陸アタマジラミの系統を保持していたのは現代型新人であり、現代型新人と原人は別の系統のシラミを保持していた。およそ10万年前にアフリカを出た現代型新人（現生人類）はユーラシア大陸のどこかの地で原人と出会ったが、世界系統のアタマジラミをもらうほどの濃密な接触はなかった。ただし、ベーリング海峡を渡って新大陸に移住したグループは十分な接触があったのか、彼らの頭には原人を宿主としていた種類のアタマジラミが残ったと考えられている（Reed et al. 2004）。

考古学的な証拠を調べてみると、アタマジラミやコロモジラミはグリーンランドのノルウェー人とイヌイットの遺跡から発見されている。これらは中世期には普遍的なもので、アイスランドの後中世期の遺跡からも発見されている。15世紀の6人のイヌイットの女性と2人の子供のミイラ化した遺体が西グリーンランドのキラキソックから報告されており、それらの遺体から多数のシラミの成虫と卵が発見された。一人の女性の腸内からもシラミが発見されており、摂食したと考えられている。

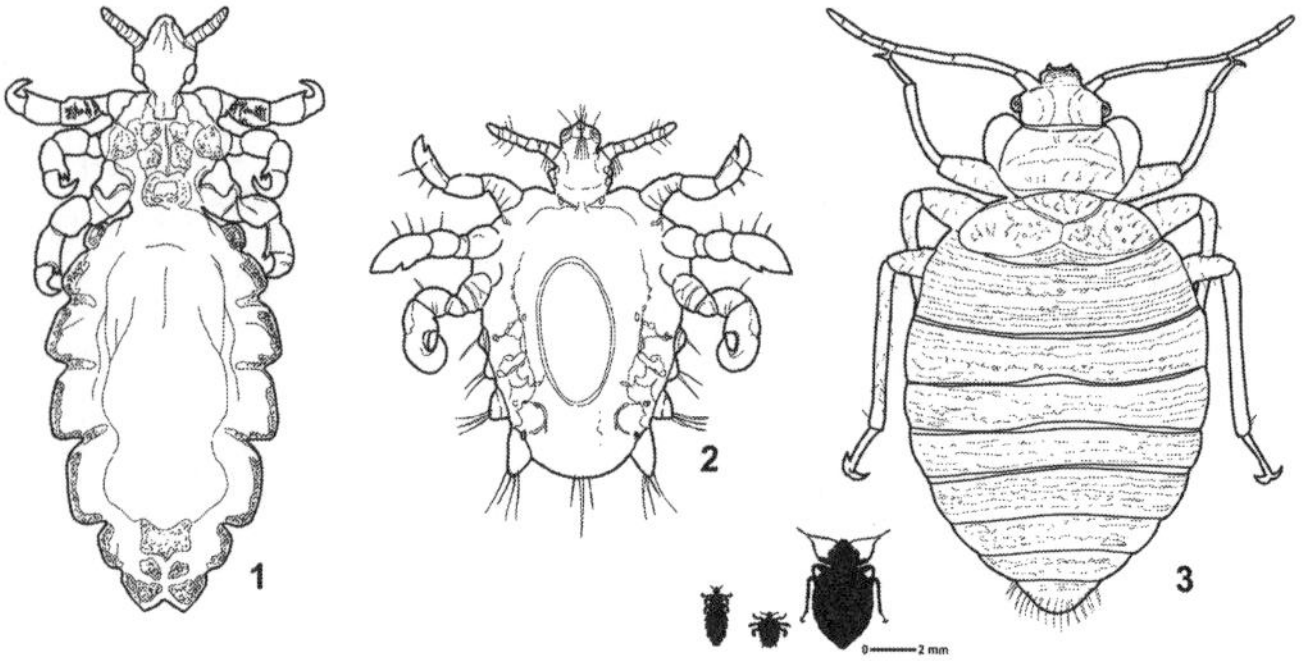

いわゆるシラミ3種（1：アタマジラミ、2：ケジラミ、3：トコジラミ）
シラミと勘違いされるが、トコジラミはシラミではない。大きさや体のつくりがシラミの仲間とは異なっている。アタマジラミもケジラミも工具のレンチに似た脚先でしっかりと「ケ」にしがみついて人から離れない。トコジラミの脚先はカメムシと同じ鉤爪である。

シラミはまた、ユタ州の古先住民期（紀元前2万年頃〜8000年頃）の糞石《ふんせき》やアリューシャン列島の16世紀のミイラからも発見されている。バイキングたちもシラミをもっており、それらはスカンジナビアからもたらされたと考えられている。11〜14世紀のオランダの櫛《くし》、エジプトのミイラなどからも発見された。79年のイタリアのベスビオス火山の噴火によって埋没したカプッソの古代都市からは噴火の犠牲者の一人の髪の毛からアタマジラミの卵が検出されている。ワイオミング州では、1880年代のスー族もしくはクロウ族のミイラからも発見されている。新大陸で考古学的なもっとも古いものは、ブラジルで発見された1万年前の人のアタマジラミの卵である。旧大陸ではその起源は不明であるが、もっとも古い例は、イスラエルのナフル・ヘマー洞穴のもので、紀元前約６９００～６３００年の年代をもつ。古代ヌビアではワディ・ハルファの３５０～５５０年に年代づけられる人の遺体の頭皮と毛髪の試料の40％がアタマジラミを含んでおり、イスラエルでは紀元1世紀のシラミ化石がマサダから報告されている。西南アジア地域に古い例が多い（Alison 2004, Mumcuoglu 2008）。

櫛の使用などを考えればこれらのヒトジラミの類が考古遺跡で見つかりやすいことは容易に想像できるが、ケジラミはそうはいかないであろう。しかし、ケジラミの考古学的発見例も少なからず存在する。もっとも古いケジラミは英国のローマ期（1世紀中頃～２世紀）の遺跡で検出された。アイスランドの後中世期の堆積物《たいせき》やロンドンの18世紀の考古資料からも検出されている。また、英国のヨークのローマ時代および中世期の遺跡からの報告もある。中国やギリシャ、ローマの古い文献には、現在でもよくある眉毛《まゆげ》への寄生虫の処置法が書かれており、ケジラミと推定されている。また、チリのサンペドロ・デ・アタカマで発見された２０００年前の37体のミイラが寄生虫の分析に供され、４体がケジラミに寄生されていたことが判明している。一人の女性成人のミイラの陰毛に付いた卵も発見された。同様にペルーのチリバヤ・バジャンの1体のミイラの陰毛や一人の女性のミイラの衣服の襞《ひだ》の中からも発見されており、その年代は紀元前１０５０～８００年である（Alison 2004）。

櫛はシラミ除《よ》けとして発達したといわれている。シラミ除け用の櫛は、人や家畜の毛繕い用に比べ目の細かな歯をもつ。現在のシラミ除け櫛に似たもっとも古い櫛は紀元前1500年のものがある。エジプトのファラオ期の王の櫛はシラミ除けであったという。それを証明するように、エジプトのアンチオネで発掘された木製の櫛の細かい歯の間からアタマジラミが発見され、5～6世紀に年代づけられている。

櫛に付いたアタマジラミとその卵は、ヨルダンとイスラエルのネゲブ砂漠でのマサダやクムランなどを含む考古学的発掘によっても発見されている。そのほとんどの櫛は両サイドに歯をもつが、いくつかのものは歯が片側にあるタイプである。両サイドに歯があるものは、一方は歯の目が広く、他方は目が細やかであった。ほとんどの櫛は木製であるが、あるものは動物の骨や象牙《ぞうげ》で作られていた。ヨルダンとネゲブ砂漠から出土した24個の櫛のうち12個からもシラミが発見されている。ワディ・ハルファの櫛の一つからは、4匹のシラミと88個の卵が発見され、その卵はまだ蓋《ふた》が閉まったままであり、中にまだ胚《はい》が残っていた。クムランで発見された櫛の一つにも、12匹のシラミと27個の卵が残っており、うち10個はまだ孵化《ふか》していなかった（Mumcuoglu 2008）。

日本の縄文時代の櫛は歯の間隔が広く、シラミ除け用ではなく、髪留めもしくは装飾用と考えられる。縄文人たちはシラミに苦しめられなかったのだろうか。我が国でのシラミについては考古学的資料の発見が望まれる。

2　兵隊さんを苦しめたトコジラミ

トコジラミはナンキンムシ（南京虫）とも呼ばれ、カメムシ目トコジラミ科に属する。名前にはシラミとつくが、シラミとは別の目に属し、カメムシの仲間である。トコジラミとタイワントコジラミの2種が人を吸血する。現在ではトコジラミが世界中に広がっているが、タイワントコジラミは熱帯気候に適合し主に東南アジアやアフリカに生息する。トコジラミ属は、最初はコウモリに寄生していた害虫であったものが、人の洞穴居住によって人に寄生するようになったといわれている。寒冷気候の中では1年もの間吸血せずとも生き延びることができる。

トコジラミの原産地は中東ではないかといわれている。考古学的な最古の例として、エジプトのテル・エル・アマルナ（紀元前約1500年）の墓からミイラを食べる食肉性甲虫や墓の供物に群がる貯穀害虫とともに発見されている。英国のウォーリックシャーのローマ時代の遺跡や、英国の都市遺跡ヨークやノーウィッチの10〜11世紀の層、ロンドンの18世紀の層からも発見されている。しかし、旧大陸における彼らの発見はまれであり、その理由としてローマ時代の建物に暖房設備がなかったこと、もしくは不衛生な環境の中では鶏やげっ歯類の潜在的な餌であったことなどが挙げられている（Alison 2004）。

我が国へは、文久年間（１８６１〜６４年）にオランダから買い入れた古船を通じて入ってきたといわれている。その後、明治10（１８７７）年の西南戦争の際、北九州小倉の兵営で発見され、その後明治13年に大阪の連隊、明治15年には名古屋と東京の兵舎に蔓《まん》延《えん》したので、「鎮台虫」とも呼ばれた（安富・梅谷1995）。

北アメリカにはヨーロッパ人によって持ち込まれたといわれている。18世紀中頃のカナダやニューヨーク州北部でもトコジラミがたくさんいたようだ。ケベックを訪ね、トコジラミに嚙《か》まれて眠れなかったというスウェーデンの生物学者の話が伝えられている（Alison 2004）。

3　ペストを運んだノミ

ノミとはノミ目に属する昆虫で、シラミとは異なり完全変態をする。シリアゲムシがその祖先であり、これが温血動物に付き、吸血することを覚え、形を変えてノミが生じたと考えられている。世界で２０００種近いノミが知られ、３０００種は存在すると推定されている（日本家屋害虫学会編1995）。

ヒトノミはもともと新大陸起源と信じられてきた。しかし、最近の考古学的証拠はノミが旧大陸の新石器時代に存在することを明らかにしている。ノミは耐性が強く、吸血の間も長い期間生き残ることができる。彼らは適した寄生者が現れるまで休眠状態で待機し、吸血のチャンスが訪れるとまとめて現れるため、加害が急激であるという印象を抱かせる。ケオプスネズミノミは全世界に分布し、ネズミを宿主にしてさまざまな獣や人も吸血する。ヒトノミは伝染病とは無縁であるが、このノミはペストの媒介者である。ノミに噛まれること自体は無害であるが、過度の掻《か》きむしりが感染の原因となる。

15世紀の女性の肩にかけられたストールは「ノミの毛皮」と呼ばれ、18世紀に入ってでさえ、小動物の皮で作られたノミ捕りが首飾りの上に付けられた。もう一つのタイプのノミ捕りは筒でできており、それにはノミを惹《ひ》きつけるための蜂蜜《はちみつ》、もしくは血を塗りつけた小さな枝、もしくは房が付けられていた。

考古資料としてのヒトノミは1300年前のエジプトのテル・エル・アマルナから発見されている。また、北グリーンランド、中世のダブリン、アングロ・スカンジナビア期のヨーク、18世紀のロンドン、11～14世紀のドイツの遺跡からも発見されている。オランダ・アムステルダムの西にあるアセンデルバー・ポルダースにある初期鉄器時代の遺跡からも屋内遺構からヒトノミが検出されている。ノルウェーのオスロの中世遺跡からもヒトノミが発見されており、中世ヨーロッパ人の典型的な生活は、麦藁《むぎわら》の絨毯《じゅうたん》に、虫食いだらけの家、カビやムシに食われた食物、掃除されない家内塵《じん》、体にはノミがいたという、きわめて不衛生なものであったといわれている。また、南ペルーの900年の年代をもつミ

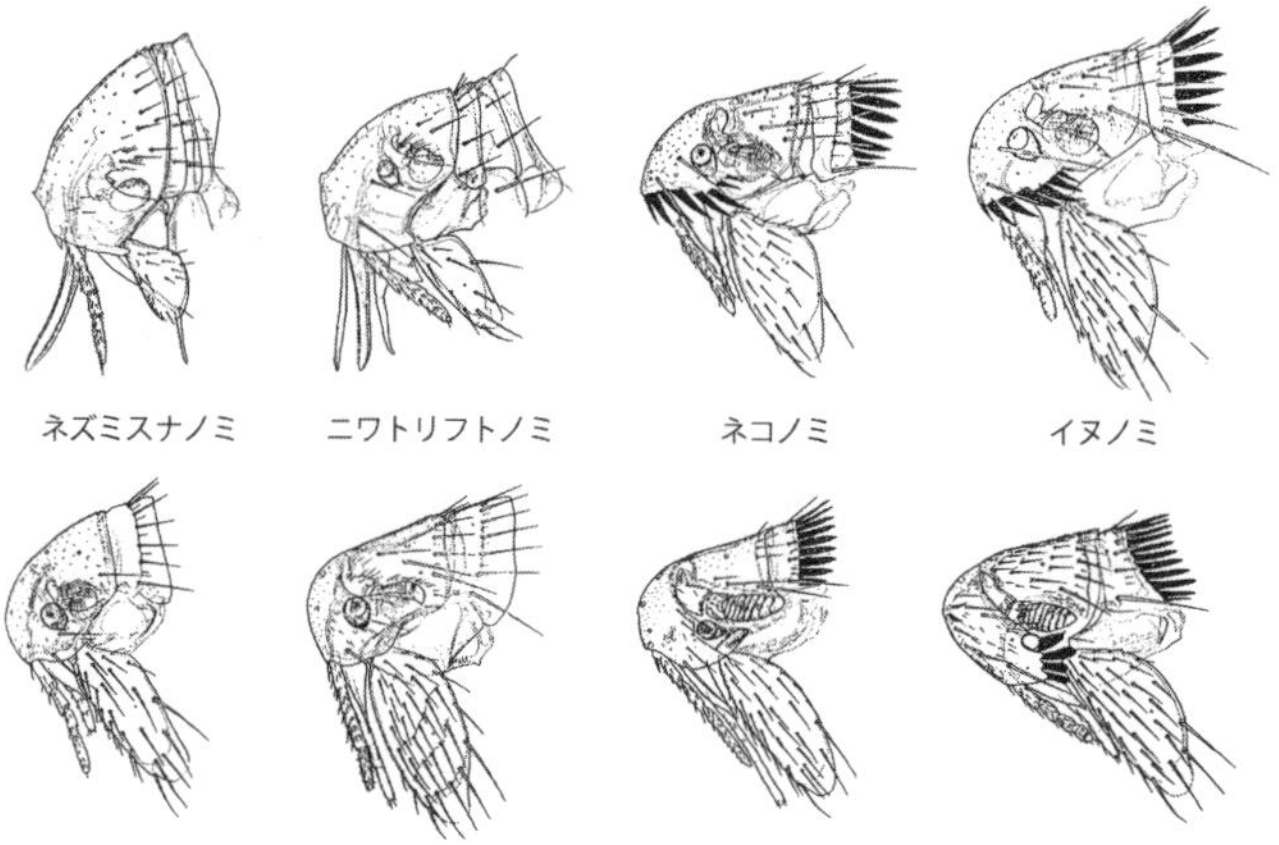

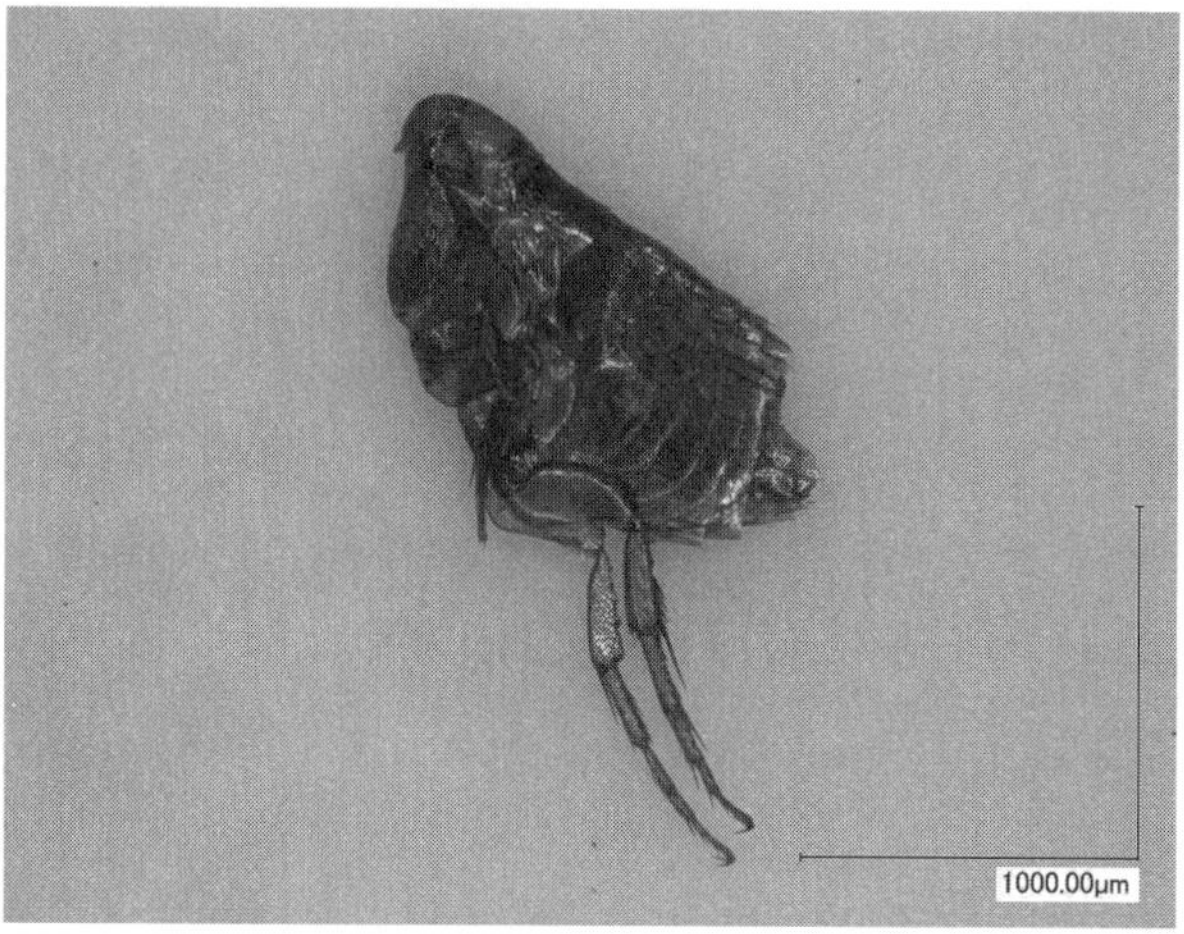

ノミ各種（日本家屋害虫学会　1995より）と大分県中津市法垣遺跡から出土した縄文？ノミ
大分県中津市にある法垣遺跡の縄文時代？の土の中から発見されたノミ。ヨーロッパネズミノミによく似ており、縄文時代のものではなさそうである。

イラ化したイヌから発見された多数のヒトノミは、ヨーロッパ人の入植前にアメリカ大陸にヒトノミがいたことを証明している（Alison 2004）。

ペストの起源はアジアであるという説が最近出されたが、パナギオタコプル E．はエジプトからのネズミノミがペストのもともとの媒介動物であったかもしれないと考えた（Panagiotakopulu 2004）。ケオプスネズミノミの最初の宿主はナイルネズミであり、古代エジプトのナイル川流域の人々は、とくにナイル川が洪水状態になったとき、このネズミと接するようになった。最初のペストの流行は、アマルナの作業員たちの村で起こったようである。そこは多数の人々が不潔でごみごみした環境に住んでおり、ネズミが豊富な場所であった。ペストの主要宿主であるクマネズミはインドからの陶器貿易を通じてメソポタミアを経由して偶

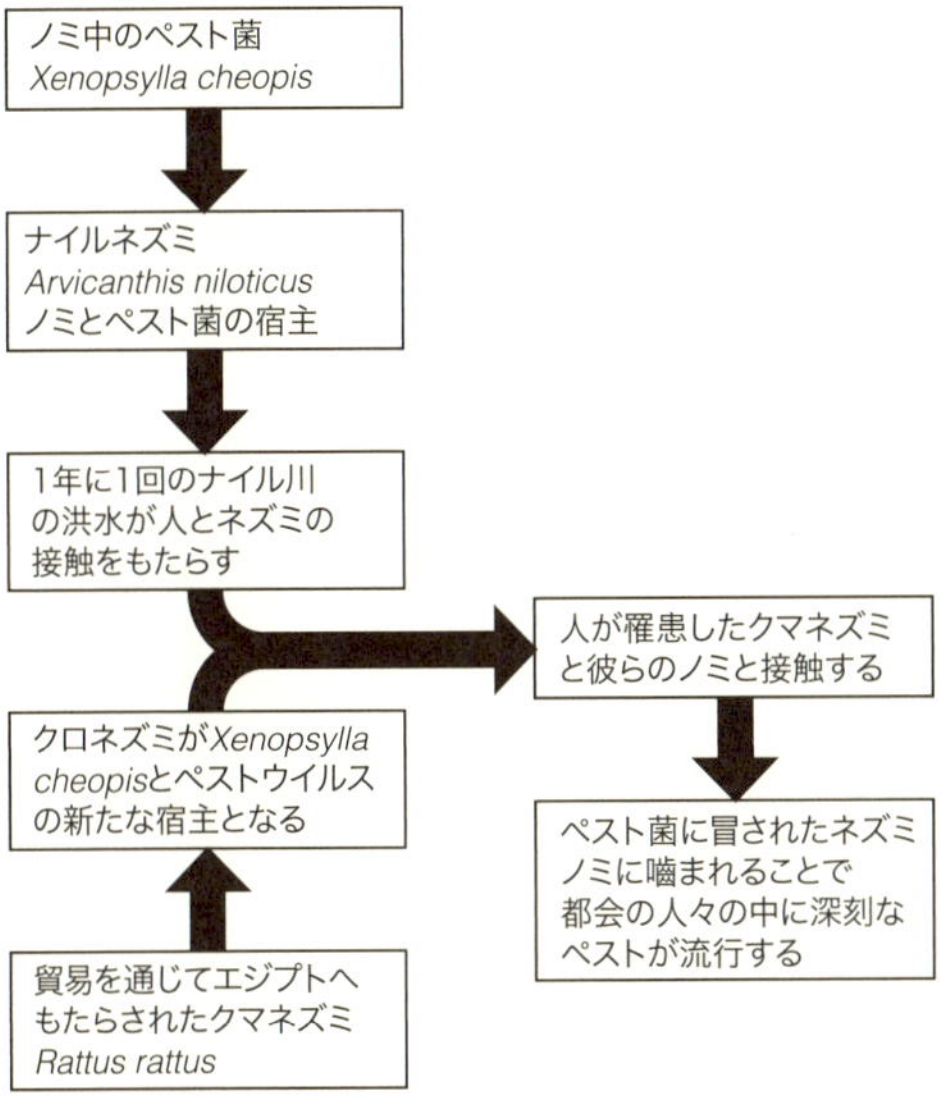

ペストの流行の新仮説（Panagiotakopulu 2004より）
アフリカから地中海、世界へと拡散していった。

然にエジプトに入った。ケオプスネズミノミは新たな宿主としてこのクマネズミを選んだのである。そして、このネズミが新たなペストの媒介動物となり、このクマネズミが旧大陸中の都市環境に拡大し、偶発的な世界的流行をもたらしたと考えた。

4　食べられた？　ダニ

ダニは、クモ綱ダニ目に属し、現在までに世界中で1万8000種が知られている。自由生活性、植物寄生性、動物寄生性の3種に分けられる。マダニはこの動物寄生性のダニであり、人を吸血する。このほかの吸血性のダニとして、ワクモ、ヒメダニ、シラミダニ、ツツガムシ（幼虫のみ）、ヒゼンダニなどがある。人への被害ばかりでなく、農作物を加害するハダニ類や貯穀を加害するコナダニ類などもいる（安富・梅谷 1995）。

ダニの大きさは1㎝に達するものから、0・1㎜以下の微小種に至るまでさまざまである。ダニの体には、頭、胸、腹の区別がなく、融合しており、脚以外は環節がほとんど失われている。脚も8本で、上述したノミ・シラミ・トコジラミが昆虫綱に属するのに対し、ダニはクモの仲間である。また、前3種の吸血性昆虫が刺して吸血するのに対し、マダニは嚙んで吸血するという違いもある。翅《はね》が無いので飛べず、寄生宿主である脊椎《せきつい》動物や昆虫、花粉などに乗って移動する。

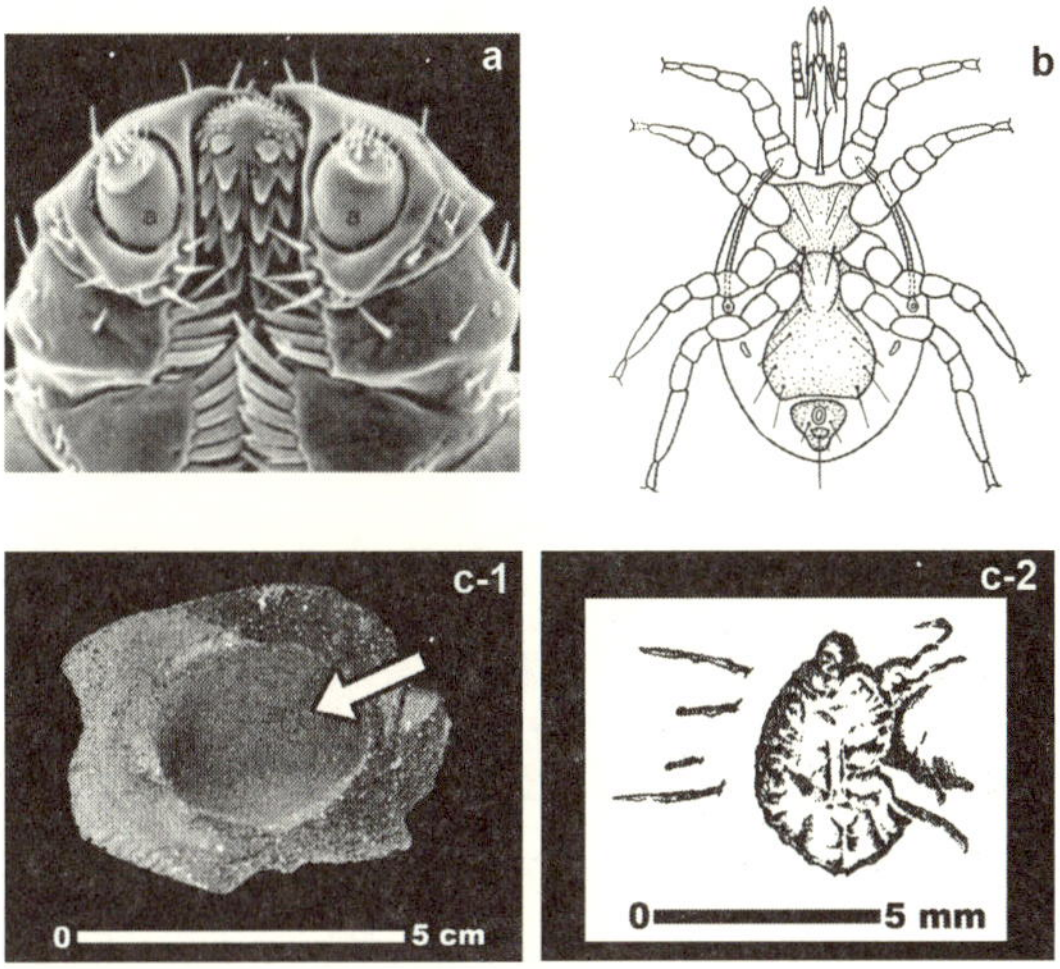

ダニの構造と圧痕ダニ（佐伯 1998・日本家屋害虫学会 1995・重住 1975より）

ダニの考古学的資料は、遺跡の土壌のみでなく、糞石やミイラなどからも発見される。糞石は鉱物化、極度の乾燥気候の下での乾燥、もしくは嫌気状態による保存によって形成される。この糞石には同定可能な動植物残滓《ざんし》が含まれ、排泄《はいせつ》が行われた当時の利用可能な食物、植生や動物相、文化的行為、気候、人や他の動物・作物が寄生生物や病原菌にどのようにさらされていたかを知ることができる。

糞石から出るダニは人によって食べられたと考えられるものも含まれるが、ダニは栄養学的にみても意図的に食されたものではなかったであろう。より注意が必要なのは現代の汚染である。たとえば降雨のような湿った状況に糞石がさらされると、散発性の好気性菌による腐敗が発生するからである。この腐敗によって菌食性と捕食性のダニの糞石への侵入が容易となる。よって、その加害が古代に起こったのか現代の攪乱《かくらん》によるものかを区別するためには現代の動物相から検出したダニの種と比較する必要がある。この場合、その研究対象の遺跡において新鮮な大便を使ってその比較資料を得た例もある。

アメリカネバダ州のラブロック洞穴で糞石が1点検出され、14匹のダニが発見されている。糞石に入っていたのはほとんど種子と魚の骨であった。ダニはヒゲダニ科の*Myianoetus dionychus* Oudemans.（和名不明）に近い種と同定されている。ヨーロッパの洞穴で、同様の種の第二若虫（ヒポプス）が洞穴にいるハエによって運ばれ、成虫がコウモリの糞やコケや藻を食べていたのではと推定されており、排泄物中に本来含まれていたのかについても疑問が出されている。

吸血性のダニについては、ブラジルのペルナンブコのフルナドエストラゴ遺跡（1万1000〜1700年前）においてネズミやシカ、ネコ、ヒト、もしくは起源不明の糞石から発見されているマダニ科のダニがある。ネコの例は48点の糞石のうち3分の2を占め、ネコの餌がそれらダニの寄生宿主であった可能性、もしくはダニが地面にいたときに偶然に起こったコンタミネーションの両方の可能性がある。その決着はつけられていないが、人がそのようなダニに加害されやすい環境であったことは確かであると結ばれている。また、アメリカ・コロラド州のメサ・ヴェルデ遺跡から発見された先住民アナサジ族の糞石から多数のダニが発見され、そのいくつかはツツガムシ属と同定された。この幼虫は人の血液や組織液を吸うが、これも食用に食べられたわけではなかろう。

エジプトや中米のミイラからもダニが発見されている。これらも糞石と同じく、その来歴が問題となる。現代の汚染の懸念はいつも付きまとう。それは、これらのダニが、ミイラが博物館に保管されている間に、乾燥肉を食べるカツオブシムシなどの甲虫の背に乗ってやってきたものである可能性もあるからである（Baker 2009）。

そのような心配がまったくないものとして、土器から検出された圧痕《あっこん》ダニの例がある。松ノ木遺跡（東京都杉並区）では縄文時代中期の勝坂式《かつさかしき》土器の碗《わん》状把手部に付いたダニの圧痕が発見された。ダニの圧痕は体長６㎜、幅４㎜で、腹部を押し付けた形で残されており、土器胎土がまだ柔らかい時点で押し付けられたと考えられている。マダニ科・チマダニ属、その中でもフタトゲチマダニもしくはキチマダニの可能性があるという（重住 1975）。佐伯英治氏によると、キチマダニは長い活動期間を示し、真冬でもしばしば本虫が動物から採集される（事実、狩猟期間の10月下旬から2月中旬の間で、狩猟犬からもっとも検出頻度の高い種は本種であったとの報告がある）ことに加えて、夏季さらには晩秋には一番吸血活動が盛んであるというように、ほぼ通年活発に活動している（佐伯 1998）。

以上のように、大便の化石である糞石から出たダニ、人のミイラから出たダニ、土壌や土器圧痕として出たダニがヒトを吸血していた可能性は状況証拠でしかなかった。また、人の糞石から出たといって、それらがダニと意識され、意図的に食べられたことを意味するものでもなかった。もしそれを立証しようとするならば、ダニの種の同定とその生態学的特徴から十分に納得のいく説明が必要となる。また、糞石・ミイラ・土壌への後代の侵入も遺跡出土のダニを考える上では注意せねばならない視点である。

その点、土器圧痕はまったくの汚染がなく、当時のダニそのものである。この縄文時代のマダニ（フタトゲチマダニもしくはキチマダニ）は通常は３㎜ほどの大きさであり、６㎜という大きさは、血を吸って膨らんだ状態を示す。このダニに血を吸われたのがそこにいた縄文人だったとは断定できないが、身近にこのようなダニがいたことだけは確かであり、彼らがダニに悩まされていたことは十分にあり得る話である。

5　船に乗った腸内寄生虫――線虫類

人の体内（腸内）には、人を最終宿主とする蟯虫《ぎょうちゅう》、回虫、鉤虫《こうちゅう》などさまざまな線虫類（寄生虫）がいる。これらのほとんどはその起源を地質学的時代にもつものであるが、人類の登場とともに、人にも寄生し、人の移動とともに拡散を続けてきた。中間宿主としては魚や獣類、昆虫などさまざまであり、まれにカやアブなどとともに琥珀《こはく》の中に閉じ込められた状態で発見される。最終宿主であるヒトが絡む考古遺跡では、ミイラやヒトの糞石、トイレ土壌（寄生虫卵）などから発見される。

ここで紹介するのは、内部寄生虫の中でも、蠕虫《ぜんちゅう》類と呼ばれるもので、体をくねらせて動く多細胞生物の寄生虫である。蟯虫・回虫・鉤虫・鞭虫《べんちゅう》ともに線虫類（細長い寄生虫）に属する。これらの線虫類でヒトに寄生するタイプのものは人体の健康にさほど影響を与えることはない。蟯虫は普通盲腸とその周辺にいるが、別の内臓に入り込まなければ、お尻（肛門の周囲）が痒《かゆ》くなる程度の症状であることはご存じであろう。今でも5〜10％ほどの幼児や児童が寄生されており、彼らの母親年齢の人も感染率が高いという（藤田 2009）。これらの歴史は古い。

北アメリカの1万年前の遺物の記録や南北アメリカの1万1000〜6110年前の先コロンブス期の糞石中の蟯虫の分子学的痕跡が検出されているが、人類がいつの時代にヒト蟯虫に寄生されたのかを決めるのは難しい。考古学的証拠は非常にまれであるが、最初のヒトへの感染は旧大陸で起こったと考えられている。旧大陸での最古の記録は2100年前の中国のミイラからのものであり、エジプトのミイラで蟯虫の唯一の報告例は紀元30〜395年の年代をもつローマ占拠時代の遺跡からのものである。

また、回虫は他の寄生虫より多く遺跡から発見されている。ヒト回虫の考古学的記録でもっとも古いものは、アフリカのクルガー洞穴のもので、1万〜7000年前のものである。人はブタからヒト回虫が感染したといわれてきたが、新大陸のホエザルと同じように旧大陸のチンパンジー、ゴリラ、ボノボからも検出されているため、人への最初の感染はおそらく類人猿やサルからであろうと考えられている。

鉤虫のうち人間を攻撃するのは、ズビニ鉤虫とアメリカ鉤虫の2種であり、旧大陸の記録は若干新しく3600年前であるのに対し、新大陸の記録は7230年前である。また、同じく考古学記録に残る寄生虫としてヒト鞭虫がある。ほとんどの発見は旧大陸であり、最古の記録は1万～7000年前のアフリカの例である。げっ歯類の糞石からは3万年前のこの種の卵が検出されている。ヒト鞭虫はイヌやネコ、ネズミ、ブタ、ヒツジなどを含む脊椎動物を加害するが、回虫や鉤虫と同じく、旧大陸のサルや霊長類からヒトへ感染したものと考えられている（Poinar 2014）。

新大陸のコロンブス到達以前の遺跡から発見されている鉤虫、回虫、鞭虫の存在は、これらが旧大陸から1万年以上前に人によって運ばれたことを示しているが、それはベーリング陸橋を徒歩で渡ってきた人類によるものではない。その理由として、これらの寄生虫は最寒冷期のベーリング陸橋地域の気候に耐えることはできず、長い移動生活の間に人体から寄生虫が失われるためである。寄生虫が生き延びる、つまり宿主から宿主へ移る生活環には一定以上の土壌の暖かさが必要である。よって、最初の移住者たちは、ベーリング陸橋の南海岸に沿ったルートを利用して渡来したと想定されている。ディクソンE. J.の説では当時の移住者は船をもっていて、1万4000年以上前に海岸近くを航海することができたという（Dixon 2001）。大洋の航路であれ、海岸近くの航海であれ、先史時代の移住者たちはそのような土壌を媒介として伝染する寄生虫を、彼らの生活環より短時間の船の旅によって新大陸に運んだのである（Gonçalves et al. 2003）。

6　日本原産？　クロゴキブリ――定住とともに始まった家屋害虫化

２０１２年より３年間、宮崎市埋蔵文化財センターに36回通った。約18万点の土器を圧痕調査した結果、多数のコクゾウムシ圧痕とともに、初めてゴキブリの卵の圧痕を見つけた（Kumamoto Univ. 2016）。２０１６年、福岡市博物館で開催する科学研究費の公開シンポジウムの前宣伝を兼ねてこの発見の情報をマスコミへリリースした。すると、皆さん表向きは嫌いな昆虫の筆頭に挙げておられるが、やはり本音のところではお好きなのか、縄文時代のゴキブリ卵の発見のニュースは、一瞬ではあるがＹａｈｏｏ！ニュースのトップを飾った。圧痕法の凄《すご》さを感じた。

この宮崎県本野原《もとのばる》遺跡では、縄文時代後期前半期（４３００～４０００年前）のゴキブリの卵鞘《らんしょう》圧痕を2点検出した。主要な屋内種の卵鞘と比較した結果、全体形が類似するのはクロゴキブリとトビイロゴキブリであった。クロゴキブリの場合、卵鞘の突起の数は12個、卵数は22～26（22～28）個であり、トビイロゴキブリの突起の数は14個で、卵数は

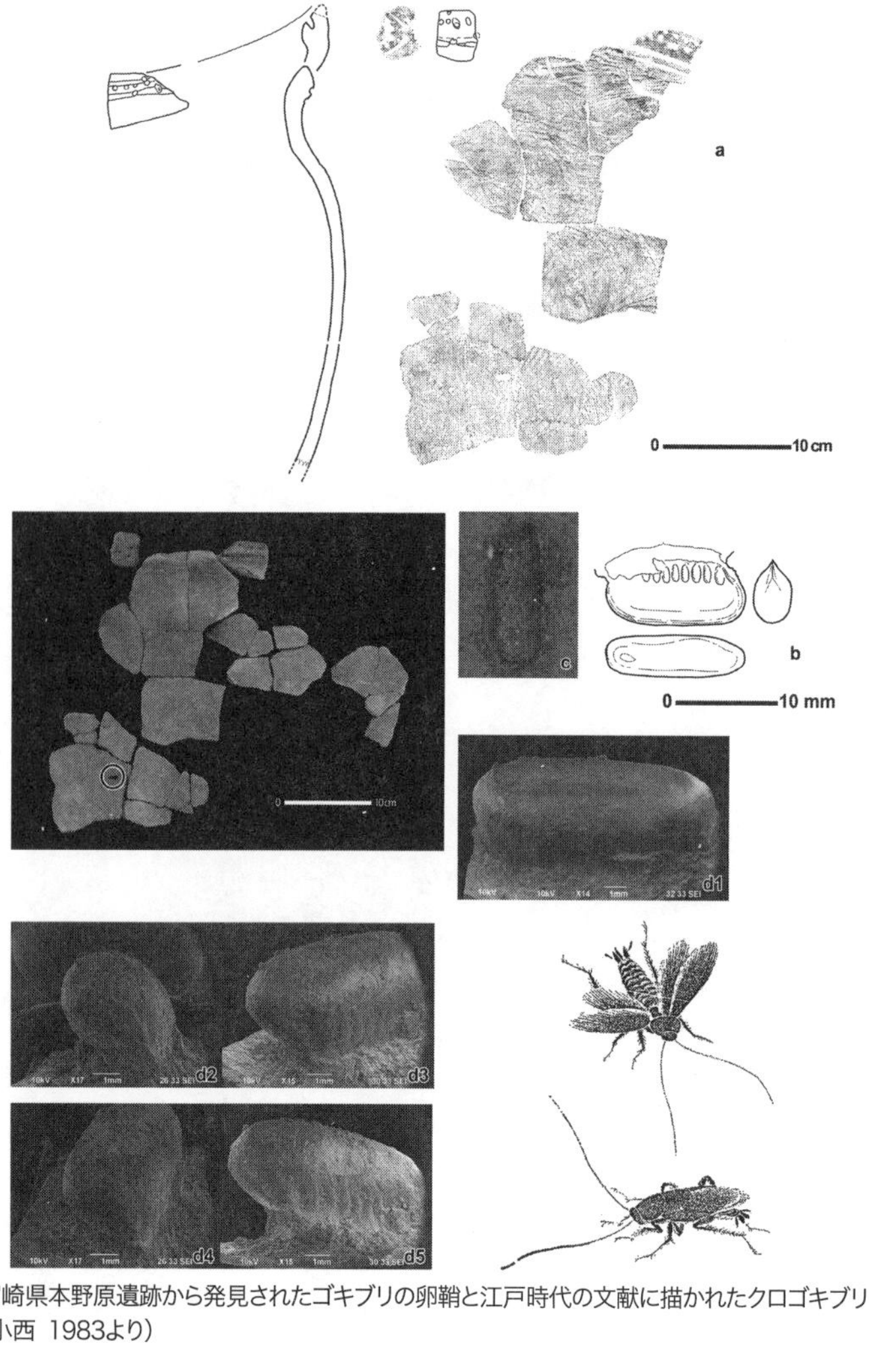

宮崎県本野原遺跡から発見されたゴキブリの卵鞘と江戸時代の文献に描かれたクロゴキブリ
（小西 1983より）

24（24～27）個である。圧痕例（MNB 0488）の推定される卵の数は22個前後であり、12㎜に近い卵鞘のサイズからもクロゴキブリの卵鞘が圧痕にもっとも近く、本卵鞘はクロゴキブリのものと判断した。

日本には野外に棲《す》むものを含め50種ほどのゴキブリが存在するが、家ゴキブリ（屋内種）と呼ばれるものは10種類ほどである。今回の発見まで、我が国で最も古いゴキブリの痕跡は平安時代の文献（『本草和名』918年頃）に出てくるものが初出であり、それはヤマトゴキブリと考えられている。現生日本の主な屋内種であるヤマトゴキブリ、クロゴキブリ、ワモンゴキブリ、トビイロゴキブリ、チャバネゴキブリと、屋外種であるルリゴキブリ、モリチャバネゴキブリのうち、アジア固有の種はヤマトゴキブリ以外ではクロゴキブリしかない。しかし、このクロゴキブリは中国南部を原産地とする外来種と理解されている（安富・梅谷1995、鈴木2012）。文献や絵画上の表現から、江戸時代（18世紀）の大阪周辺や九州に存在しており、この頃堺の港を通じて日本へ侵入・定着していたという（小西1983）。そして、それ以外の日本の屋内に普遍的なゴキブリの原産地はアフリカとされる（安富・梅谷1995）。ただし、クロゴキブリの原産地については確証がないという意見もあった（朝比奈1991）。

クロゴキブリは現在、日本全国に分布しており、主に本州中部以南、四国、九州に多い。北米や中国中部にも分布する。幼虫で休眠し越冬する温帯性の種であり、ヤマトゴキブリ

主要ゴキブリの卵鞘の特徴

種	原産地※2	卵鞘長さ※1	卵数※1	卵数※2	突起数ほか※2写真より
ヤマトゴキブリ	日　本	8～9mm	12～16個	14～19個	円形8個
クロゴキブリ	南中国	12～13mm	22～26個	22～28個	長楕円形12個
ワモンゴキブリ	アフリカ	8mm前後	16個	13～18個	円形7個
コワモンゴキブリ		10mm	24個		
トビイロゴキブリ	アフリカ	13～16mm	24個	24～27個	長楕円形14個
チャバネゴキブリ	アフリカ	7～8mm	40個		縦縞16条
キョウトゴキブリ	日本（屋外種）				フリル状突起30条

※1：辻 2003、※2：安富・梅谷 2000による。

よりは暖地性であるとされる。産卵時期は5～10月であり、卵（鞘《さや》）での越冬も観察されている。成長が遅く、1世代が足掛け2年ないし3年で成虫となる。中国南部とはいえ、四季（冬）もあり、筆者も浙江《せっこう》省あたりでは寒い冬を経験している。クロゴキブリの生態からみれば、このあたりから来ても何ら不思議ではない。

しかし、400年前の九州地方と中国南部の考古学的資料に人の往来を示すような物的証拠はない。よって、本野原遺跡から検出されたクロゴキブリの卵鞘圧痕は、本種が近世に南中国から渡来して適応したとするより、それ以前から日本列島に存在した在来種であった可能性を示唆するものであり、我が国におけるゴキブリの進化と伝播《でんぱ》に関する歴史の見直しを迫る発見といえよう。

ノミやシラミなどの外部寄生虫や「腹のムシたち（内部寄生虫）」もどうやら縄文時代以前の旧石器時代の人々、私たちの直接の祖先である現代型新人たちにすでに寄生していたようである。そして、縄文時代になり人が定住を始めると、家の中にゴキブリが侵入し、棲みつくようになった。新築の家にはゴキブリはいない。住民が食料を運び込み、そこで生活し、生活ゴミや塵《ちり》・屑《くず》が堆積《たいせき》すると、ゴキブリがやってくる。「コガネムシ（チャバネゴキブリのこと）は金持ちだ」という歌にあるように、かつては裕福な家にしかゴキブリはいなかった。コクゾウムシやマメゾウムシが、貯蔵された穀物やマメ（栄養基）の上で爆発的に増加すると害虫と呼ばれるように、外部寄生虫や内部寄生虫も限られた空間の中で人が集団で生活し、人が濃密に接触する（機会が増える）ようになって爆発的に増加する現象は、植物質食料とヒト（彼らにとっては動物性食料）という違いこそあれ、そこを繁殖の場とする意味合いではまったく同じ原理である。また、家屋害虫とは家屋に棲みついた害虫であるが故に、家そのものが少なくとも彼らの繁殖サイクル期間以上の間維持されなければならない。それこそまさに定住的生活様式そのものである。人は知らず知らずのうちに害虫と一緒に暮らし、それを人から人、そして家から家へ蔓延させていたのである。

Ⅳ章　ウンチの中から出てくるムシたち

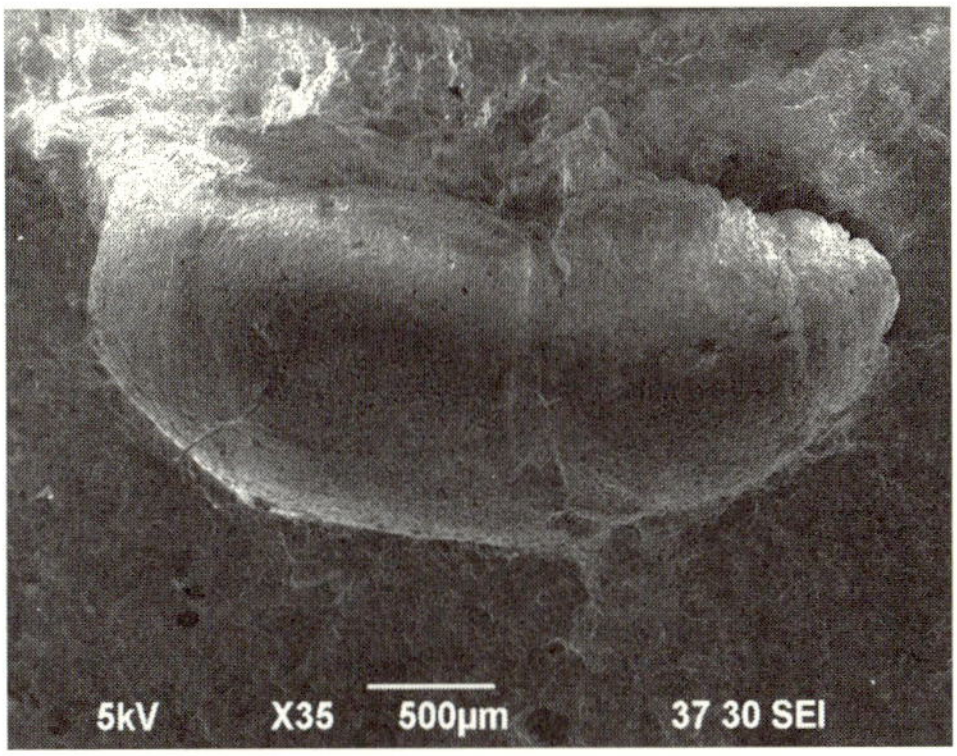

青森県三内丸山遺跡出土のデオキスイ属甲虫圧痕
レプリカSEM画像

1　バッタを食べたアメリカ先住民

食べたものは人間の口から胃や腸を通って、大便として排泄《はいせつ》される。この大便の中に食の痕跡を探し出そうと考えるのは理の当然である。この大便は考古資料としては二通りの形状となって考古学者の眼前に登場する。前章でも登場した個別の塊となった「糞石《ふんせき》」と、大便が堆積《たいせき》し土壌化した「トイレ土壌」がそれである。日本では糞石は主に貝塚などから発見される。この糞石はカナダにおいて1960年にすでに分析法が確立されていたという（松井 2005）。

アメリカでの昆虫考古学の研究の特色の一つが、糞石中から出土する昆虫の研究である。アメリカの先住民たちの落とし物である糞石は、乾燥した洞窟《どうくつ》に残されやすい。その中には、バッタの脚やノミ、シラミ、そしてダニのような外部寄生虫の遺体も含まれており、これらは偶然もしくは意図的に消費されたと考えられている。

メサ・ヴェルデ遺跡から得られたアナサジ族の糞石の中からはセミとバッタの遺体が発見された。アナサジ族たちは、周辺の環境が変化し、低木・草原が優勢になり、バッタの数が増えるとともにバッタをよく食べるようになったようである。さらには、それにつれ糞石中の七面鳥の骨も増加しており、家畜化した七面鳥が畑に群がるバッタの被害を防ぐのに使用されたと推定されている。バッタはまた、グレートベイスンに住む古代人の栄養にとって重要な部分を占めていた。マディソンD.B.とキルクマンJ.E.はグレートソルトレイク近くの洞穴群から膨大な数のバッタの遺体を発見した。彼らは、先住民たちがバッタを捕獲し、塩湖に浸け、岸部で乾燥させ、塩味の付いたバッタを食したと考えている（Madsen and Kirkman 1988）。

オレゴン州のダーティ・シェイム岩陰から検出された古代先住民の糞石群の中からは、アカヤマアリ（膜翅《まくし》目アリ科ヤマアリ属）やシロアリの一種 *Reticulitermes* cf. *tibialis* Isoptera.（和名不明）の未消化部分が含まれていた。シロアリは一つの糞石の昆虫相の78％を構成しており、古代先住民たちがときおりシロアリだけの食事を摂《と》っていたことを示唆している。これら糞石の年代は９５００年前である。

このような北アメリカ西部の後期先史時代のアメリカ先住民たちによる昆虫の消費に関しては、ヨーロッパの歴史学者によって証明されている。彼らは最初にアメリカ先住民と接触し、昆虫食を調べたが、それらは遺跡出土の昆虫化石の証拠と一致している。たとえば、カリフォルニア州のバマート洞窟から出土したアメリカ先住民の糞石の中からはガガンボ（大蚊）（双翅目ガガンボ科）の遺体が発見されており、先の昆虫学者の調査の結果と一致した。

また、中米では、中央メキシコのテワカン谷で発見された８７００～４５０年前の年代

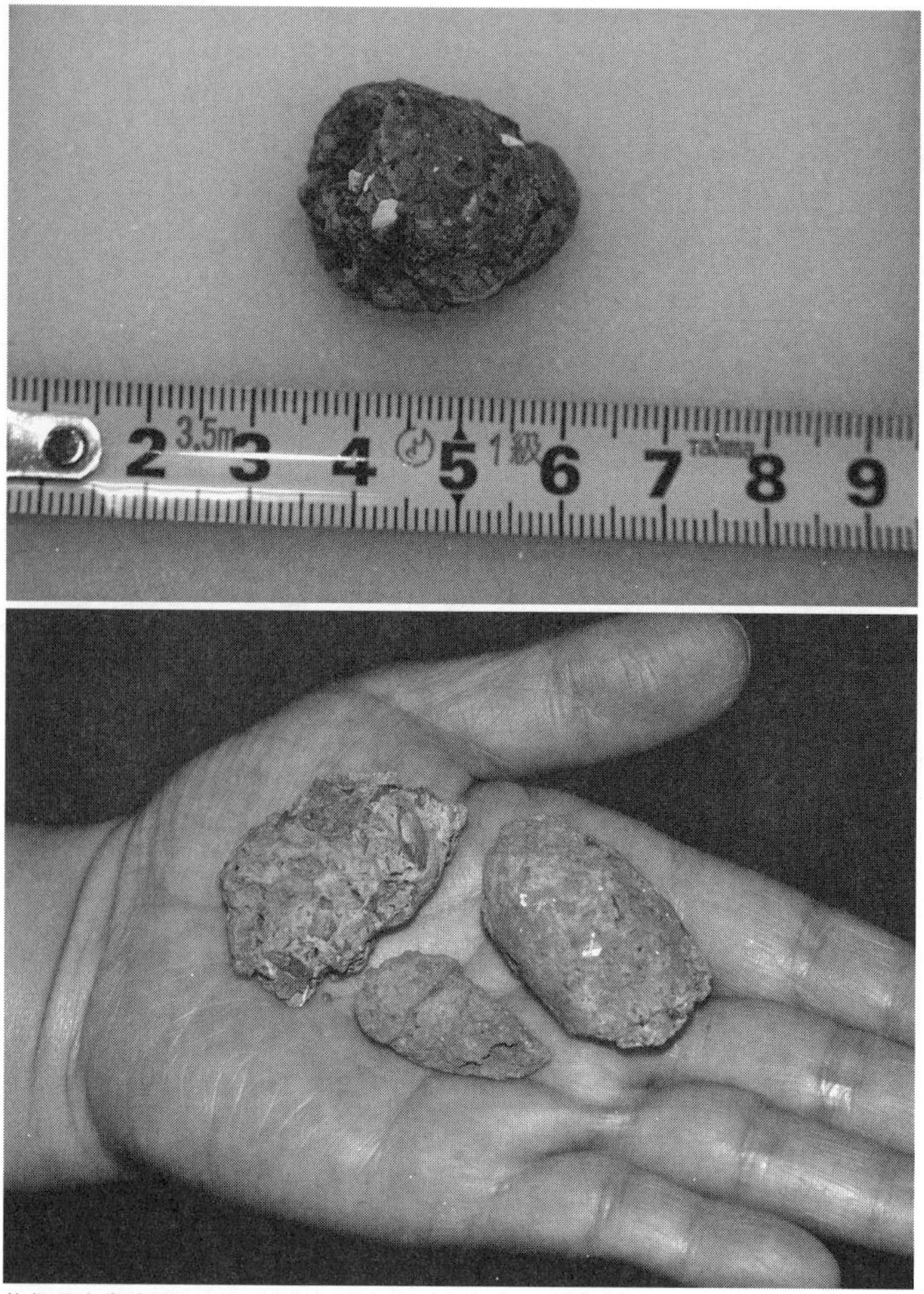

佐賀県東名遺跡から発見された縄文人とイヌのウンチ（糞石）
8000年も経つと、ウンチも遺物となって、手に持てるようになる。下奥２個がヒトの、手前がイヌのもの。（写真提供 佐賀市教育委員会）

幅をもつ糞石からも昆虫遺体が検出されている。早期の糞石（５４００年前より古い）はアリの頭、糞虫の幼虫、毛虫、そしてダニを含んでいた。２９００～２２００年前の年代の糞石は、糞虫、ショウジョウバエ（ショウジョウバエ属）の幼虫、トイレバエの幼虫、そしてハジラミ（食毛目）を含んでいた。そのシラミはおそらく鳥の寄生生物であり、偶然人によって摂取されたものと考えられている。２２００～１３００年前の年代の糞石は、シラミ（シラミ亜目）、ノミ、ダニ、ハエ、甲虫、アリ、カニムシを含んでいた。その甲虫は十分に壊れており、それらが嚙《か》まれた証拠であるという。甲虫の外殻はいくつかの個別の糞石の塊を形成した。アリの化石のあるものは、ミツアリ（ミツツボアリ属）に似ていた。彼らの腹部は甘い汁を貯蔵するため、その味のために意図的に消費されたのであろうと推定されている（Elias 2010）。

これらが事実だとして、バッタやセミ、アリの類はまだしも、ハエやその幼虫、ダニやシラミ、ノミなどは決して食べたくなるものではなく、栄養学的にも効果は期待できない。しかし、三橋淳氏の『昆虫食文化事典』（三橋 2012）をみると、シラミやノミは意外に世界各地で食されていることがわかる。そういえば、サルやボノボもグルーミング（毛繕い）の過程でシラミを食べているという説もある。

これに比べてダニは昆虫食の本にはほとんど出てこない。前章のダニの項でも説明したように、無意識的にこれら外部寄生虫に寄生された動物を食べて偶然に摂取された可能性もある。また、ダニの場合は糞石に後から侵入したものであるかもしれない。何よりも、人の糞石であるか否かきちんと調べるべきである。

余談だが、イナゴの佃煮《つくだに》も絶品であるが、塩漬けバッタもビールのつまみにうってつけだと思われる。

2　寄生虫卵が語る人の食と病

考古学的にトイレ遺構がはっきりしてくるのは、日本では古墳時代以降、とくに古代以降である。英国においても9世紀以降であるという。ただし、これらは一般庶民用ではなく、官公庁やお金持ちの家にしかない、役人や貴族のためのものだった。鎌倉時代になっても路地がトイレ代わりに使われ、高下駄《たかげた》がトイレのスリッパだと知ったときはショックを受けた。中世ヨーロッパにおいても、おまるに落とされたモノは階上から路上に捨てて処理されていたので、路上はモノだらけであり、ハイヒールの起源も高下駄とまったく変わらないものであったという。複雑な思いである。

さて、日本で最初に本格的に調査された低湿地遺跡として著名な福井県の鳥浜貝塚でも湖に突き出た桟橋状の木柱列のまわりから糞石がたくさん出た。そこが縄文人たちのトイレではないかと注目を集めたが、糞石中には貝殻や骨の破片が含まれており、イヌの糞も含まれていることが判明した（大田区立郷土博物館編 1997）。最近では糞石中に含まれる寄生虫の卵によって、人とイヌのそれを区別できるようになった。ヒトとサルとイヌ、まるで桃太郎とその家来たちであるが、彼らのそれは偶然にも外見上区別できないほど似ているのである。現在、縄文時代のトイレそのものは発見されていないが、ゴミ捨て場である貝塚がトイレとしても利用されていたようである。

日本古代のトイレの土壌中にはウリやナス、サンショウの種子、ヤマモモ、ナツメ、チョウセンゴヨウなどの核や殻などの植物種実とともに寄生虫卵が多数含まれることが、藤原京跡右京七条一坊のトイレ遺構の土壌分析で明らかになった。

ただ、トイレ土壌中だけでなく、糞石中にも寄生虫の卵は残っている。寄生虫は食物連鎖の頂点にいる人を最終宿主とし、中間宿主として魚や動物などの体内に入り、それを食する人体に入ってくる。その寄生虫の中間宿主は寄生虫の種類によって決まっており、寄生虫の種類から人がどのような中間宿主を食したかがわかるという仕組みである（藤田 2009）。

福岡市で発見された古代の迎賓館・鴻臚《こうろ》館跡《かんあと》から発見された8世紀中頃のトイレ土壌からは有鉤《ゆうこう》条虫や無鉤条虫の卵が発見されており、肉食がタブーとされてきた時代にもブタなどを食していた人がおり、チョウセンゴヨウの殻の存在と合わせて考えると、このトイレはおそらく唐や新羅《しらぎ》からの外賓用であったと推定される。

また、全国の古代のトイレ土壌中から出てくるサナダムシ（日本海裂頭条虫）と横川《よこがわ》吸虫の分布は東西にそれぞれ偏っており、当時主に食されていた魚が東日本ではサケ類であり、西日本ではアユやコイなどの淡水魚であったと推定されている（松井1997）。

また、糞石中の寄生虫卵の例として、佐賀県の東名《ひがしみよう》遺跡の糞石からも日本海裂頭条虫の卵が発見されており、およそ８０００年前の有明海には、寒冷種で現在は温暖化とともに北に追いやられたサクラマスが遡上《そじよう》してきており、東名の縄文人たちがこれらを捕食していたことが明らかにされている（金原2017）。当時はこのあたりも今より寒い気候であったようだ。この魚は遺跡出土の魚骨中には現れていない種である。その意味で、寄生虫卵が得意とする食復元は動物や魚が対象ということになる。

これらのムシがお腹の中にいると、花粉症などのアレルギー症を発症しないなどの利点もあるが、腹のムシの存在でお腹がかなり痛かったであろうと想像される。鴻臚館のトイレからはベニバナの花粉が多量に検出されており、花を直接食したような出方である。ベニバナは現代でも漢方薬として使われるように、腹痛の薬として食べられたと想定されている（松井1997）。

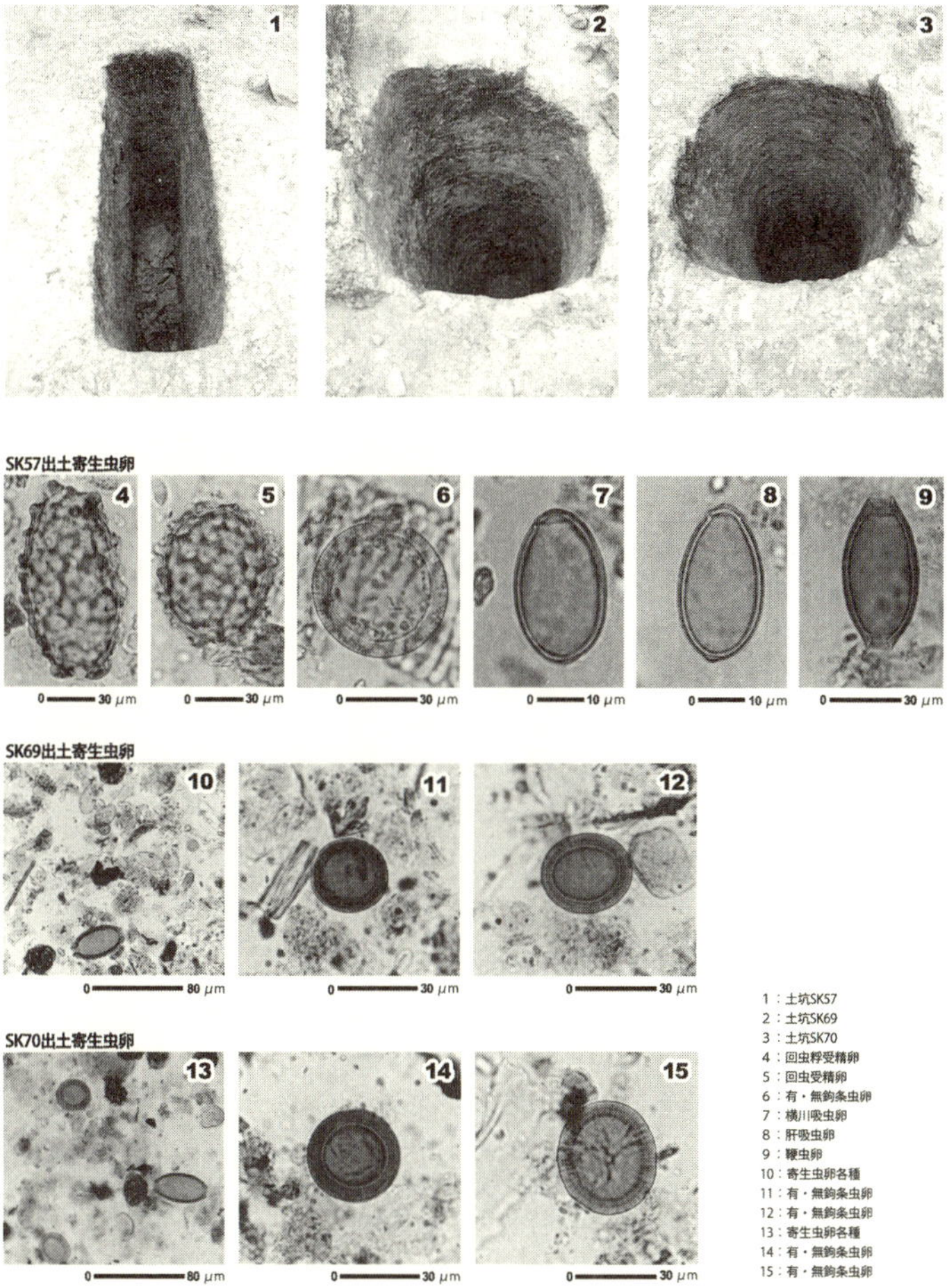

福岡市鴻臚館跡南館のトイレ遺構と検出された寄生中卵。
1〜3：福岡市埋蔵文化財センター所蔵。
（金原・金原1994（福岡市埋蔵文化財発掘調査報告書372集）より作成）

3　トイレの中から出てくるムシたち

では一体トイレ土壌からはどのような昆虫が発見され、それはどのような経緯でトイレ土壌に入り込んだのであろうか。もちろんトイレ土壌であるので、人が食べたものが基本であろうが、Ⅱ章3節でみたように、貯穀害虫であっても、さまざまな経路で遺跡土壌に入り込むのであり、井戸の埋め戻し材として加害された穀物が廃棄される場合もあった。

先のトイレ土壌の認定第一号の名誉を受けた藤原京跡右京七条一坊のトイレ遺構の発見（1992年）前に、福岡市にある鴻臚館跡の第5次の発掘調査（1989年）で、初めてトイレらしい遺構が注目された。この鴻臚館南館の南端から発見された奇妙な細長く深い土坑とやはり深い四角形の2つの土坑は、その埋土の中から、荷札「木簡」を再利用した古代のトイレットペーパーと考えられている籌木《ちゆうぎ》（排便の後始末をする木切れ）とともに多量のウリのタネやハエの囲蛹殻《いようかく》が検出され、トイレであろうと推定された。その後、これら土坑は、寄生虫卵の分析などを経て、正式にトイレと立証された（金原正明・金原正子 1994）。

長方形のトイレ遺構（SK57）から発見された種子類は、木本類12種、草本類11種が報告されており、うち食用となるものは、チョウセンゴヨウ、ヤマモモ、クワ属、シマサルナシ、キイチゴ属、サンショウ、ナツメ、ツタ、カキノキ属、雑穀類、アブラナ科、ゴマ、エゴマ、ナス、ウリ類などがある。

鴻臚館跡ではこのトイレ遺構以外に、２０００年に北館の南西隅で先の南館ＳＫ57と同様の構造をもつ長方形土坑（ＳＫ１１２４）と南館ＳＫ70と同じ方形土坑（ＳＫ１１２５）の２基のトイレ遺構が発見されている。遺構の時期は南館と同じく8世紀中頃である。ＳＫ１１２４から出土した植物遺存体の構成は、南館のＳＫ57やＳＫ70とほぼ同じである。藤原京跡右京七条一坊のトイレ遺構や秋田城跡のＳＸ02（沼状落ち込み）からも、ほぼ似た組成の種実類が出土している。この北館と南館のトイレ遺構は構造的にもきわめて類似し、内部の土壌から出土する種実遺体も共通点が多い。種実の中で組成に差があるものは少量出土のものであり、多量に出土しているウリ、キイチゴ属、サンショウ、ナス、シマサルナシの種子はその比率もきわめて近い。

このようなトイレ遺構からはハエやフンコロガシの類が数多く発見される。藤原京跡のトイレ遺構から発見された昆虫化石は、以下の通りである。

半翅目：シイノキコジラミ、ニドウラリアカイガラムシ?、カメムシの一種

双翅目：チョウバエ科の一種、フンバエモドキ科の一種

甲虫目：マルエンマコガネ、ウスチャマグソコガネ、フチケマグソコガネ、コクゾウムシ、ゾウムシ科の一種、ケガムシの一種、ゴミムシ科の一種、ハネカクシ科の一種、エンマムシ科の一種

膜翅目：アリの一種

そして、これらは、その生態から以下のように分けられている（宮武 1992）。

①糞虫類：糞を食べる甲虫類であるエンマコガネやマグソコガネの類であるが、ウシ・ウマを多く飼っている人里付近に多い。マルエンマコガネは人糞にもくるが、植物性の糞によくくる。

②貯穀害虫：コメの害虫。体の各部分が非常に硬いため、ご飯に炊きこまれ、食べられた後、排泄された。

③便・腐敗物（動物死体）を好む昆虫：ケシガムシ類・チョウバエ・ハネカクシ・エンマムシ

④周辺植生に生息する昆虫：フンバエモドキ（ツユクサ・ギボシ）・シイノキコジラミ（シイ・アラカシ）・ニドウラリアカイガラムシ（コナラ）

これらをみると、ハエの類もあまり人糞を目指してきたわけではないことがわかる。ただし、ハエが好む臭いを発する腐敗物が集積していた場所であることは確かであり、人糞や食料残滓《ざんし》などの廃棄物が惹きつけた昆虫と、排泄物そのものを示すと考えられているコクゾウムシなどは、ここが排泄や食料残滓の廃棄が行われた場所であったことを示している。またコナラ属の木につく虫たちの存在は、トイレから「おつり」が帰ってこないように葉っぱや枝を沈めた結果と考えられ、それらはいわばトイレ用品というべきものである。

平城宮東方官衙《かんが》地区から発見されたトイレ遺構と推定される土坑1 9 1 9 8の土壌分析によっても、以下の3種のように、ほぼ同じような性格の昆虫相が検出されている（芝ほか2013）。①便池に特有で便池に生息していた昆虫：オオクロバエ・センチニクバエ・ヒメイエバエ・ショウジョウバエ、②食品とともに経口排泄された昆虫：コクゾウムシ・ノコギリヒラタムシ、③周辺に生息する昆虫：ヒメコガネ、コガネムシ科、カメムシ目、ハネカクシ科、オサムシ科、ダニ類。

このような昆虫にみられる異なる相は、植物遺存体の異なる出土状況にも表れている。鴻臚館跡のトイレ土壌からは、経口排泄されたウリやナス科などの野菜やサルナシ・キイチゴなどの果実に入っていた種子、明らかに食後の残滓として廃棄されたと思われるカキやナツメの種子やチョウセンゴヨウやヤマモモの核殻、そしてトイレ用品として撒《ま》かれたキビの籾殻《もみがら》などが検出されている。トイレにはさまざまな来歴をもつ種実が入り込む余地があった。先の平城宮跡のトイレ遺構は、もしかすると糞便処置と残飯処理を兼ね備えた施設ではなかったかと推定されている。

ただし、鴻臚館跡のトイレ遺構には、須恵器《すえき》や土師器《はじき》、瓦《かわら》なども相当量投棄されている。さすがにこれらは使用時のものとは思われない。使用経験のある方はよくおわかりであろ

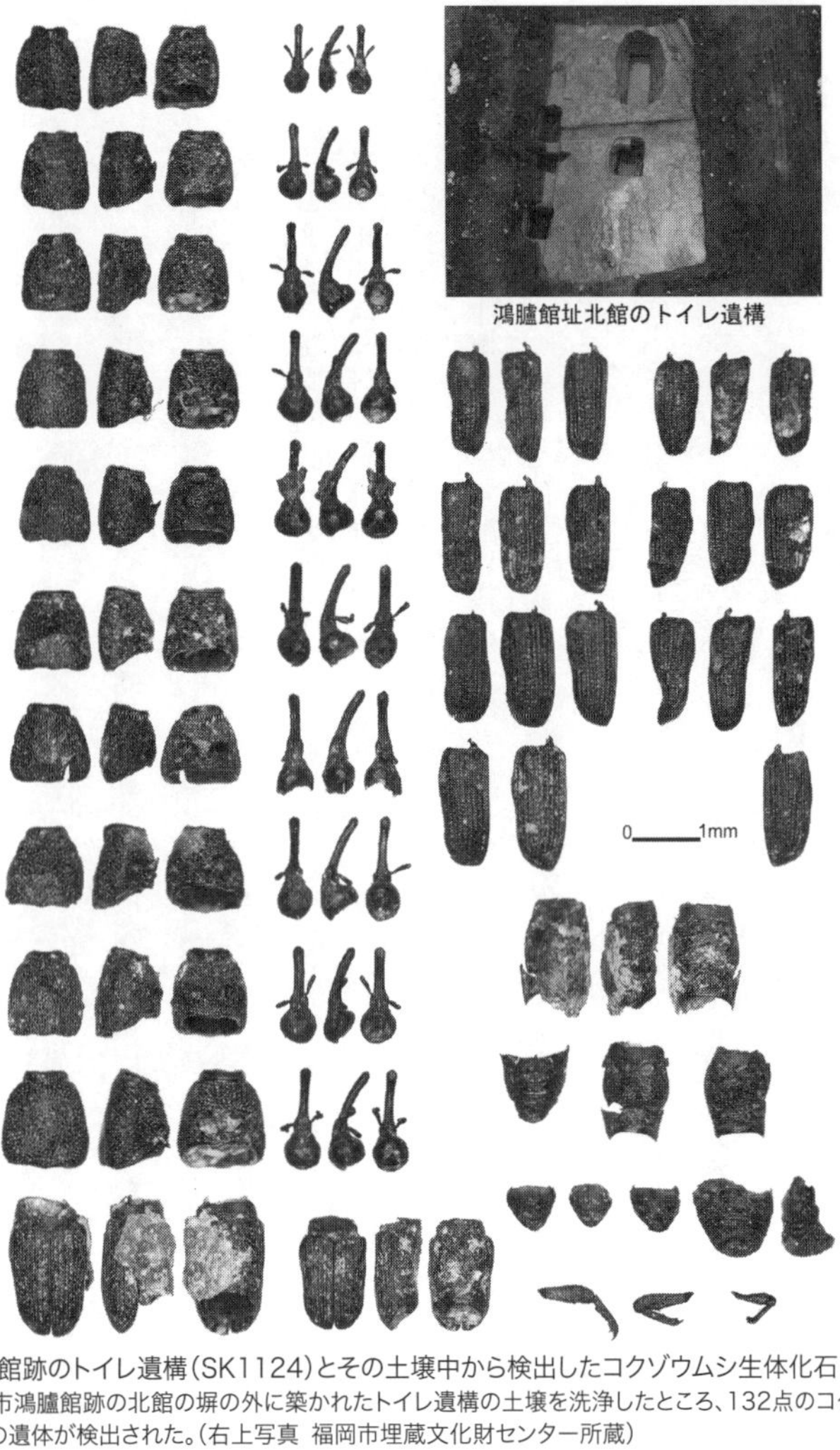

鴻臚館跡のトイレ遺構（SK1124）とその土壌中から検出したコクゾウムシ生体化石
福岡市鴻臚館跡の北館の塀の外に築かれたトイレ遺構の土壌を洗浄したところ、132点のコクゾウムシの遺体が検出された。（右上写真　福岡市埋蔵文化財センター所蔵）

うが、何よりも、汲《く》み取り式のトイレに内容物の嵩《かさ》をわざと増すようにモノを投げ込む人はいないであろう。つまり、これらはトイレが廃棄される時点で投げ込まれたものと解釈すべきである。

藤原京跡や平城宮跡のトイレから出たコクゾウムシは、分析者たちによるとすべて経口排泄物と考えられている。ただし、筆者は、鴻臚館北館のトイレ（ＳＫ１１２４）の土壌中からバラバラになった個体であるが、１３２点のコクゾウムシを検出した。これはほんとに加害された米やムギと一緒に食べられたものなのだろうか。

4　トイレをどのように見分けるか

一般に鴻臚館跡のトイレのような誰が見てもトイレとわかる遺構であればすぐにトイレと認定できるが、遺跡では通常は土坑としてしか現れないので、どのように区別すればよいのかが問題となる。英国のスミスD．N．は、この問題を解決するために、トイレ遺構と糞の両方のための考古学的記録・生物学的記録の「指標群」を提示し、それらの組み合わせによる診断パッケージを作った（Smith 2013）。そのため11か所の考古学的遺跡で検出した49個のトイレ状遺構（11世紀後半～16世紀後半）から得られた56個の試料を調査した。比較資料としてローマ期から中世後期までの１３１試料群の昆虫遺体（３９４分類群１万

7476個体）を多変量解析を用いて6群に分類した。そのうち6番目の群がトイレ遺構の特徴を表すもので、遺跡に差し戻せば、中世もしくは中世後期のトイレ遺構のものに類似するという結果を得た。

これらは日本の古代のトイレ遺構から出てくる生物相や人工遺物相とほぼ同じである。ハエの組成は、ヒメクロバエ属やトゲハネバエ属など、現在のトイレや下水汚物から見つかる種が中心である。また甲虫ではハネカクシ類などのトイレの中の半流動性の環境下では生存できないが、今日ではゴミや十分に腐敗した廏肥《きゅうひ》や野菜ゴミと関連する種が検出されている。この種の家ゴミにいる甲虫がたくさん発見される理由として、トイレへのゴミの廃棄や、排泄物をゴミで混ぜて乾燥させたり、堆肥作りのため早い発酵を促したりした結果と解釈されている。または、トイレの乾燥物そのものに棲《す》んでいた甲虫が紛れ込んだなどの解釈がある。

貯穀害虫としてはエンドウゾウムシ、グラナリアコクゾウムシ、ノコギリヒラタムシなどが挙げられており、これらはここでも加害穀物の廃棄によるものでなく、経口排泄物と考えられている。

スミスD.N.の論文では、このほかに植物種実や花粉、寄生虫卵、動物骨・魚骨なども検討が加えられているが、その種類は古代日本のトイレ事情とほぼ変わらない。ただし、異なる点はトイレットペーパーである。中世ヨーロッパのトイレ土壌からはコケの塊や小

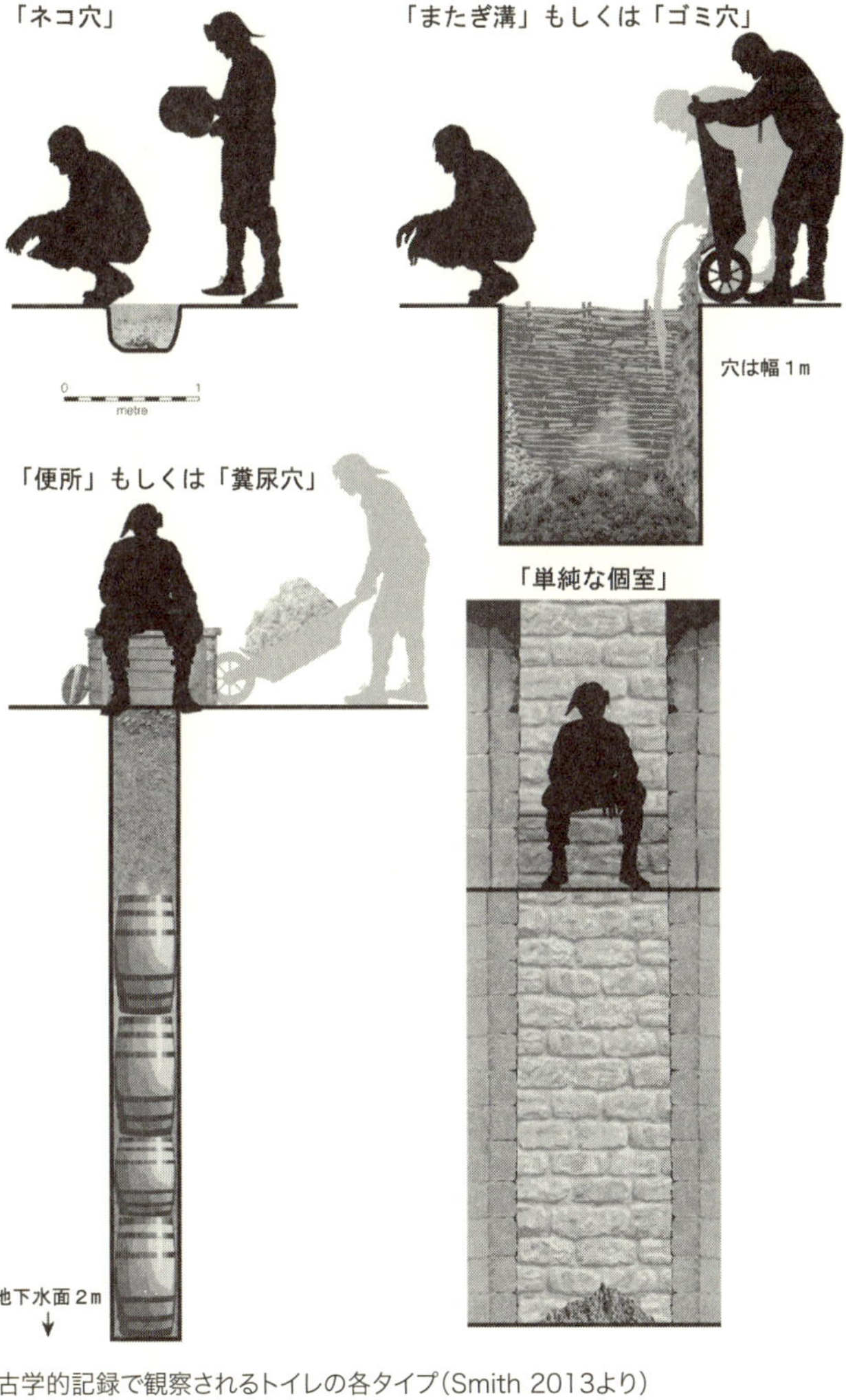

考古学的記録で観察されるトイレの各タイプ（Smith 2013より）

さな布切れが検出されており、これらがトイレットペーパーとして使われたと推定されている。これに対し、古代日本では木簡を割いて作った木切れであった。皆さんだったらどちらを選択されるであろうか。なお蛇足であるが、アメリカ先住民のプエブロ族はトウモロコシの軸を使っていたということが寄生虫分析で判明している。これら歴史の知恵はひょっとして、皆さんの非常時に役立つかもしれない。

結論を言えば、トイレの堆積物とその構成物からみて、洋の東西を問わず、トイレの堆積物は人間の排泄物だけで構成されるのではなく、台所ゴミなども含んでいた。また、その後のトイレ廃絶のための埋め戻し用に投げ込まれた建築廃材や生活材も含まれる場合があった。さらには、トイレの内容物を二次的に移した土坑もあると思われ、その場合は、内容物だけではトイレとの区別はつかない。トイレの認定にあたっては土壌だけでは判断に苦しむ場合があり、最終的には遺構の形状や配置をみて判断するのが妥当である。

ただ、この論文で指摘されたモノの中で、筆者がこれこそまさにトイレ認定の有力な証拠だと思うのは、トイレ土壌の中から発見される容器の蓋《ふた》や片方の靴など、人がうっかりトイレに落とした状況を示すモノであり、その最たるものは指輪（宝石）である。ケータイをうっかりトイレに落としてしまった経験をお持ちの読者の方も少なくないであろう。そのような方々は、トイレに指輪を落としたときの中世英国貴婦人の悔しく切ない気持ちがよくおわかりだと思う。でも、なぜトイレで指輪を外す必要があったのだろうか？

5　食べられた？　貯穀害虫

これまでみてきたように、トイレ遺構から発見されるコクゾウムシやマメゾウムシの類は、トイレに捨てられた加害穀物に混じっていたものではなく、ムシに加害された穀物やマメを入れたお粥《かゆ》やスープ、パンなどを人が食べた結果だと考えられている。トイレ遺構の認定の根拠となった藤原京跡右京七条一坊のトイレ遺構の土壌からも1点のコクゾウムシが発見され、宮武頼夫氏や松井章氏はこれらを人が食べた米の中に紛れていたものと解釈した（宮武 1992、松井 1997）。

経口排泄されたと考えられる貯穀害虫の例は、日本の古代トイレのコクゾウムシだけではない。スコットランドのベアーズデンにあるローマ軍の砦《とりで》の溝からはグラナリアコクゾウムシが入ったコムギや粥の残滓が報告されているし、ヨークのローマ時代の下水道の中の貯穀害虫の塊は人間の排泄物から入り込んだものと解釈されている。先のスミスD.N.の研究においても、トイレ堆積物の昆虫グループには、エンドウゾウムシやグラナリアコクゾウムシ・ノコギリヒラタムシの類が含まれ、加害されたマメや穀物入りの料理を食した結果であると考えられている（Smith 2013）。

また、宮武氏が示したコクゾウムシ入りクッキーは、害虫に加害された食品であっても、当時は意外と気にせず食していたのか、という気にさせるものである（宮武1995）。そうであれば、コクゾウムシの弥生《やよい》時代の唯一の生体化石の例である大阪府池上曽根遺跡の場合、それらが発見された環濠《かんごう》は、宮武氏も指摘する（宮武1999）ように、防御のためだけでなく、トイレにも使用されたということになる。

しかし、穀物上に害虫の排出した尿酸や微細植物（カビやコケ）が増えると、それらが毒となり、人体や家畜に大きな影響を与えることも知られている。１４３２年のノッティンガムの例によると、トーマス・シャープという人物が、コクゾウムシ属甲虫によってダメージを受けた麦芽を売り、それによって飼育されたブタ、メンドリ、ニワトリが死んだことで告訴されたという事件が発生している（Buckland 1990）。

先に述べたように、２００３年に発掘調査された鴻臚館北館のトイレ遺構の土壌を筆者が分析した際、パンコンテナ１個分の土壌から多量のウリやナス科の種子とともに、１３２点のコクゾウムシの生体化石（部分）を検出した。私もこの発見の前まではコクゾウムシは人が食べたものと信じて疑わなかった。しかし、今では、あまりにその数が多いため、この鴻臚館北館のトイレ遺構から発見したコクゾウムシの生体化石は加害された米と一緒に廃棄されたものであろうと推定している。

6　コクゾウムシの食実験

このトイレ土壌中の貯穀害虫の「貯穀害虫被食論」ともいうべき積極的な意見は、スミスD．N．（Smith 2013）が「infamous：不名誉な」実験と呼ぶオズボーンP．J．による貯穀害虫の食実験（Osborne 1983）に大きな影響を受けているようである。

トイレ遺構の内容物として、貯穀害虫のノコギリヒラタムシとグラナリアコクゾウムシが英国のローマ期とそれ以降の中世期を中心としたほとんどの遺跡から発見されている。その一つウォーリックシャーのアルセスターのローマ軍の遺跡（紀元2世紀）から、他の多様な貯蔵食物害虫とともにこの2種が発見されているが、加害された穀物は見た目にも食料としての状態が悪いため、一緒に廃棄されたものと考えられていた。しかし、他の遺跡でもトイレ遺構からこの2種が頻繁に出土することから、経口排泄物ではないかと疑ったオズボーンは自ら体をはった実験を行った。

彼は、バーミンガム大学動物学研究所に保管されていた生きた甲虫標本を手に入れ、それぞれの種25点ずつ（計50点）をお湯で茹《ゆ》でて殺し、水切りをして野菜スープに入れた。スープはかき混ぜられ、甲虫は気にも留められず彼ののどの奥に流し込まれた。その結果、味も噛み応《ごた》えもまったく気にならなかった。また後に病気になることもなかった。この研

回収された甲虫の部分（Osborne 1983より）

	頭　部	胸　部	左前翅	右前翅	完　全	合　計
ノコギリヒラタムシ	12	12	10	10	7	19
グラナリアコクゾウムシ	1	1	1	1	23	24

究熱心な学者は、もし自分が前もって彼らの存在を知らなければ、スープが汚染されていることなどまったく気づかずにそれらを飲み込んだかもしれないと食後感を述べている。

適当な糞の塊が後に集められ、考古試料と同じ処理に供された。それを炭酸ナトリウム溶液で溶けるまで煮て、その後0.3㎜メッシュの篩《ふるい》に掛け、その残余物がアルコール浸けの状態で顕微鏡下で選別回収された。そして、グラナリアコクゾウムシ24点、ノコギリヒラタムシ17点が得られた。選別回収を徹底するため、資料抽出はパラフィン法で再度行われ、その結果、グラナリアコクゾウムシは見つからなかったが、ノコギリヒラタムシは2点追加され、19点となった。

多くの甲虫がそのままで残り、脚や触角が付いたままの完全な形で発見された。それらはただ色が変色した以外は何の変化もなかった。一方、いくつかの個体は完全に関節が外れ、それらの数はそれぞれの部位ごとに計数された。そして、先の完全個体と合わせて彼の消化管を通過した害虫たちの最小個体数が出された。この実験の結果、グラナリアコクゾウムシに比べるとノコギリヒラタムシは脆弱《ぜいじゃく》で壊れやすいことがわかり、しかも小さいことが、土壌中から発見されにくい理由であることが解明された。

実験後の所感として、彼は害虫50匹という数は空腹の人にとっては何ら問題はないという。そして、以下のような同僚の戦時中の経験を披歴している。１９３９～４５年の戦争時のビルマでは米が主食であったが、いつも害虫に汚染されていた。しかし、彼の友人やその仲間の兵士は最初は害虫をはじいていたが、そのうちあきらめて米と一緒に食べたという。よって、オズボーンは中世の人々にとってグラナリアコクゾウムシとノコギリヒラタムシはまったく気になる存在ではなく、逆にそれらを食べていたために、被害も大きくならなかったのではないかと述べている。

先史・古代においては、よほどひどい腐敗状況でない限り、害虫入りの穀物やマメはあまり気にせず食されたようである。この論文を読んで、現代に生きる私たちがいかに平凡な食事をしているかがわかった。

しかし、先の「食べられる」、いや「食べたら毒になる」という議論は、穀物の加害の程度がよくわからないので、最終的な結論を下すことはできない。ただし、今、私が目の前にしている、土器圧痕《あっこん》として出てくるコクゾウムシたちは、明らかに経口排泄物に由来するものではない。では、土器から発見されるたくさんのコクゾウムシたちは、なぜ土器の粘土中に入ったのだろうか。

筆者の論文の読後感である。このオズボーンP．J．の実験を紹介しているスミスD．

らも論文（Smith and Kenward 2012）の中で、彼らも同様の実験の拡大版をやりたがっていたが、現行の衛生法上不可能であったことを伝えている。学者というのは研究のためなら害虫まで食うのか。凄《すご》いと思った。まあ、食べるのは簡単であろうが、その後の処理を考えると、ハエの飼育実験をしたいと考えて自ら凄みが増してきたと思っている私でさえ、まだ無理である。

7　縄文人はムシを食べたか？

２０１７年の正月、三が日もまだ明けない頃、土器作りの村の民族調査のため、タイ東北部のコンケーンを訪れた。コンケーンの夜、仲間たちと散策に出かけた。屋台街へ繰り出した私たちは、さまざまな食品や料理が売られている中に、タガメやコオロギなどのムシを売っている屋台を見つけた。興味はあったが、さすがに買うことはできなかった。

しかし、コンビニに入るとスナック菓子のようなパックでムシが売られていたのでホテルでの夜のビールのつまみに買い求めた。その経験は、単なる物珍しさからきたものであったが、私はこの地域が東アジアでも有数の昆虫食の中心地であることを知らなかった。「昆虫考古学」の講義のため、ありったけの昆虫食の本を買って眺めると、このタイ東北部は知る人ぞ知る昆虫食王国であったのだ。

２０１８年はラオスを調査地に選んだ。昆虫食が気になっていた私は、給油のために止まるたびにスタンドに併設されたコンビニでムシスナックを探したが、どこにも売っていなかった。そこで同行してくれたラオス国立大学の考古学科の先生たちに、車の中で覚えたてのラオス語で、「コーイ　ヤーク　キン　メンマイ（私はムシが食べたい）」と叫んだ。笑いながらカムアン県出身のスワナホン先生が、ムシを売っている市場を知っているので案内すると言ってくれた。残念ながらその日は移動に時間がかかり、夢は実現しなかったが、翌日調査地への途中、小さな市場に案内してくれた。「あった！」。市場の一角には、さまざまな野菜や野草とともに、カエル、カニ、トカゲ、各種の野鳥、げっ歯類など、ありとあらゆる食材が並んでいた。その中に、セミの串焼《くしや》き、アリの成虫・幼虫、タガメがあった。ムシを食べたいと言いながら、別に好物ではないので、おそるおそる串焼きを食してみた。カリカリの皮にクリーミーな内臓と、決しておいしいとは思わなかったが、悪くない味であった。いつも愛嬌《あいきょう》のあるワッサーナ先生が、微笑みながら、もっと若いセミであればもっとおいしいと教えてくれた。ム

ラオス・カムアン県の市場で食べたセミの串焼き

シの話ばかりするので、ついに私の名前は「メンマイ（ムシ）先生」となった。
ラオス最後の夜となったメコンホテルでの二次会で、スワナホン先生は地元の強みを発揮し、妹夫婦や親せきを総動員して、コオロギの炒《いた》め物と水牛の皮の炒め物を買い求めてきてくれた。水牛の皮はさすがに歯が立たなかったが、コオロギの炒め物は絶品であった。香りは違うが味と食感は塩をまぶした小エビのフライであり、ビールのつまみに最高であった。

昆虫食の本をみると、昆虫はその栄養価の高さとバイオマスの大きさから、人口増加とそれに伴う食糧不足を補う未来の食と期待されている。すでにコオロギやハエ（幼虫）の養殖は各地で行われているし、コオロギ粉入りパンがヨーロッパで好評を博すなど、遠い未来の話ではない。

では縄文時代はどうだったのだろうか。明快に言えることは、縄文時代に昆虫食があったという直接的な証拠はない。しかし、これは縄文人たちがムシを食べなかったという意味ではない。状況証拠はいくらでもある。イタリアの旧石器時代の壁画にはハチの巣をとる絵が描かれており、蜂蜜《はちみつ》は旧大陸の先史人たちにとっても魅力的な甘味料であったろう。もちろん、蜂蜜を採るために一緒に蜂の子もついてくる。一緒に食されたことは想像に難くない。

縄文時代の糞石からはまだムシの遺体は見つかっていないようである。人骨の窒素・炭素同位体で古代人の食性を調べている東京大学の米田穣さんの判別図には、まだ昆虫の領域はないようである。ぜひ、調べてみてほしい。また、日本の糞石研究の第一人者である奈良教育大学の金原正明先生には、ぜひコクゾウムシ入りの糞石を見つけていただきたいと思う。コクゾウムシが縄文人たちの家に貯蔵されたドングリやクリを食べていたことは明らかであり、先にみたように、体をはって実験した昆虫学者によって、ウンチの中にも彼らの殻が残ることが実証されているのだから。

Ⅴ章　ハエが見ていた人の死——葬送昆虫考古学の世界

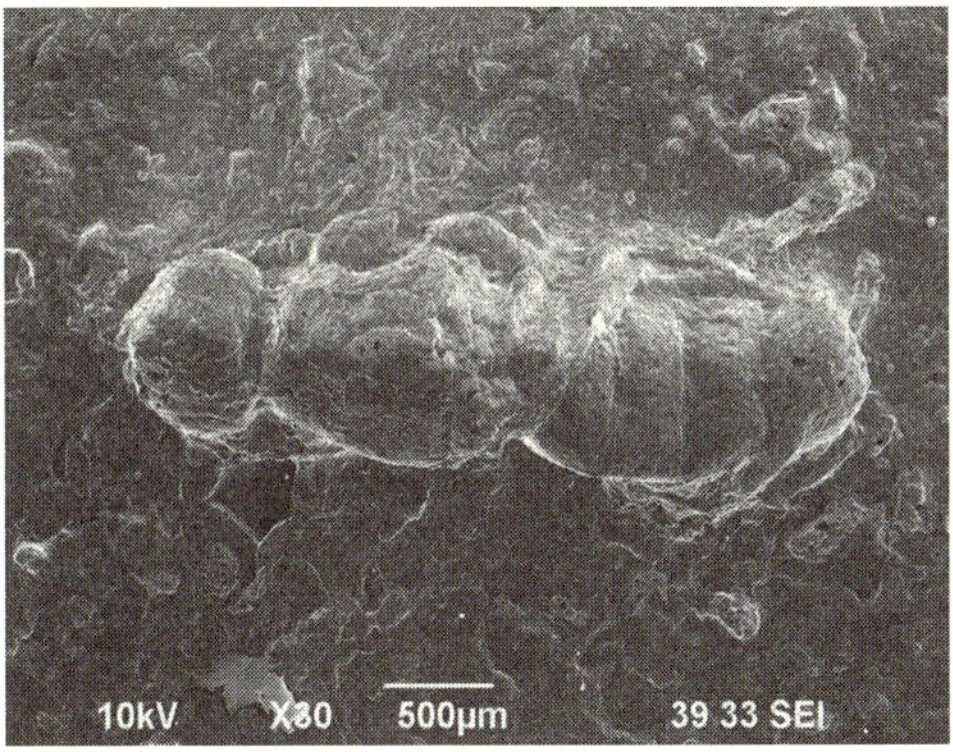

宮崎市本野原遺跡出土のハエ目圧痕レプリカSEM画像

1　夢にまで見たハエ蛹の殻

2017年夏、いつものようにモンゴル・ヘンティ県にあるアウラガ遺跡の発掘調査に参加した。調査団長の新潟大学白石典之さんの計らいで、ここ十数年余り遺跡出土の植物遺体を調査している。その年、アウラガ遺跡第二地点の建物（寺院跡？）の基壇部から、ウシとヒツジの幼獣を並べて埋葬した土壙《どこう》が発見された。なんとその中にはクロバエ科と思われるハエの囲蛹殻《いようかく》が多数含まれていた。

アウラガ遺跡の土壌洗浄作業では、キビを中心とした単調な種類の種実がどこからでも出てくるので、植物種実の分析に少々退屈さを感じていた私は、それまで読みあさっていた法医昆虫学の本の中に出てくるハエの囲蛹殻がたくさん出てきたこと、念願のハエの囲蛹殻をもつ埋葬址を調査できる喜びに、大いに興奮した。土を洗って詳しく見てみると、大小合わせて5種類ほどの囲蛹殻を検出することができた。しかし、問題は同定である。ハエの知識はほとんど持ち合わせておらず、しかもその対象が、図鑑によく登場する成虫ではなく、形態的情報の乏しい、蛹《さなぎ》を包む殻であるから厄介である。

そこで宿舎にしている遺跡近くの博物館の周囲に飛んでくるハエを捕獲し、顕微鏡で観ては絵を描いてみた。クロバエ科とニクバエ科かなと思われる成虫バエがいたが、モンゴ

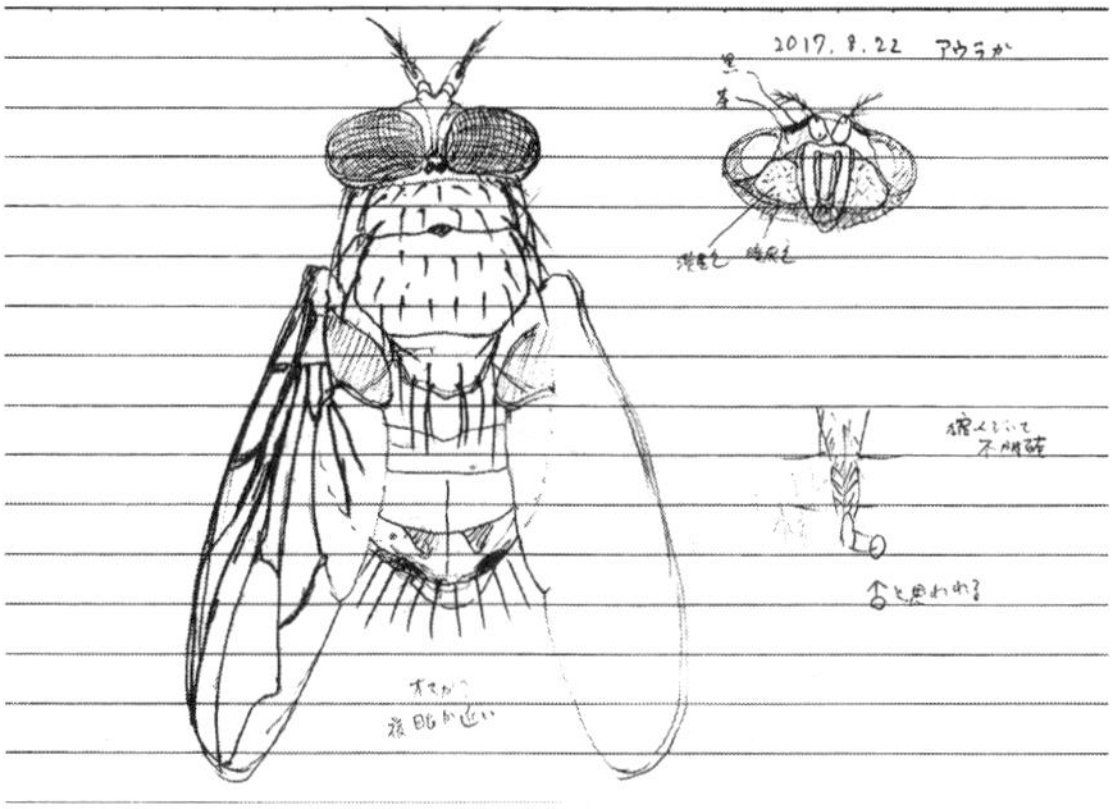

モンゴル・アウラガ遺跡で描いたハエの絵

ルのハエに関する本も手元になく、やはり種までは不明であった。ともかく、捕獲したハエの蛹を得て出土品と比較しようと、彼らを飼育し始めた。

　ヒツジの生肉で呼び寄せ、何とか卵を産ませ、2齢期まで育て上げた。しかし、その段階でウランバートルに帰らねばならず、念のため箱を二つに分けて、一つは宿舎に残していった。その不運な「生き物係」となったのは淑徳大学の三宅俊彦さんであった。後でわかったが、窓際に置いた簡易飼育箱は、日当たりが良すぎて、幼虫はすべて乾燥状態で死滅したそうである。「ごめんなさい」という彼の手紙にこちらが申し訳ない気持ちで一杯であった。もう一つの方はウランバートルのホテルまで持ち込み、数日間で3齢幼虫となった。しかし、徘徊《はいかい》期に入りもう少しで蛹になるという段階で帰国日となり、憧《あこが》れの蛹の姿を見ることなく、すべてトイレに流した。もう一人の「ハエ騒動」の被害者は、ウランバートルに帰った日、ホテルの和食レストランで偶然会った鳥取大学の人類学者岡崎健治さんであった。ひとしきりハエ蛹を出した遺構と現地でのハエ飼育の話を終え、一息ついたとき、彼が食事中であったことに気が付いた。「……ごめんなさい」。

帰国後、学生と実習発掘で行った対馬《つしま》市の越高《こしたか》遺跡でも海岸の岩陰でハエの飼育を試みた。しかし、これも時間切れであった。生育期間の短いイエバエですら幼虫から成虫の羽化まで最低でも1~2週間はかかる。今回も飼育を始めるのが遅すぎたようだ。ハエの囲蛹殻は私の目下の夢である。

帰国後、くだんのウシとヒツジの埋葬址が年代測定の結果、約40年前の現代の埋葬址であったと白石さんから知らされた。

2　ハエが語る人の死後——法医昆虫学の原理と葬送昆虫考古学

ムシは犯罪捜査でも重要な役割を果たしている。海外の人気ドラマ「ＢＯＮＥＳ」や「ＣＳＩ」などでお馴染《なじ》みの科学捜査には、昆虫や植物が事件を解く鍵《かぎ》としてしばしば登場する。法医昆虫学の研究者は、事件現場で遺体に群がるハエや甲虫などのムシを生き証人として採取する。中でも重要な役割を果たすのはクロバエなどのハエ類である。

昆虫が犯人探しに役立ったもっとも古い例は、中国宋《そう》代の役人宋慈による『洗冤録《せんえんろく》』（1247）にある、村で起きた殺人事件解決のため、村中の人に鎌を持参させ、ハエが群がった鎌の持ち主を犯人と特定したという事例であろう。また、法医学的捜査に昆虫が用いられた最初の記録としては、１８５５年にパリ郊外の改築工事現場から発見されたミイラ化した幼児の遺体から得られたニクバエ科のハエやノミの遺体などの分析から、幼児が死亡した年が１８５５年よりずっと前の１８４８年であると推定され、この年にその家に住んでいた人物が逮捕されたという事例がある

法医昆虫学とは、殺人現場において、遺体の死亡時刻や死亡原因、死亡場所などを推定するために、遺体に群がる昆虫の生活環とその中での生育速度、腐敗の進行につれて遺体上に現れるさまざまな種の交替のパターンを使用する科学捜査を支える昆虫学の一つの分野である。

死亡後の経過時間（PMI：Postmortem Interval）の推定に用いられる昆虫学の方法論は、①発育過程の知られた特定種、②昆虫の連続性の評価、の2点である。遺体の上に群がるムシたちは、時間の経過とともに、腐食性・食糞《しょくふん》性種↓捕食性・腐肉性種↓捕食寄生者へ、つまりハエ↓甲虫↓ハチ・ガへと変遷する。もし遺体にノミやシラミがいたら、それは死後間もないことを示す。そして腐食性バエの中でもっとも重要視されているのがクロバエ

である。クロバエは人の死後10分で遺体にたどり着き、産卵を始めるという。これはハエが脚先の「褥盤《じょくばん》」という器官に無数に生えた毛をセンサーにして、臭いや味を察知することができるためである。これらの死体を巡るエコシステムは、死体そのものとその周辺で発生する。これが死体調査のために昆虫を検出・同定する際の重要な視点である。

犯罪捜査で昆虫を含む節足動物の組成からわかることは多岐に及ぶが、先の人の死後の経過時間、死亡場所、死亡原因以外に、死亡時の季節や死後の遺体の処理過程や外傷の証拠、麻薬の存在なども明らかにすることができる。

このような昆虫の痕跡を遺跡とくに埋葬址から検出し、それらを利用して先史・古代の埋葬に関する習俗や歴史を研究しようという分野を葬送昆虫考古学と呼ぶ。

3　死後ヒトは物理的にどのように変化するのか

あまり語りたくない話であるが、この後に述べる先史・古代の埋葬習俗とムシたちとの関係を説明する上で重要な部分であるので、しばらくお付き合いいただきたい。

遺跡でお墓などを発掘すると、運がよければ人骨を発見することができる。数千年から数百年の歳月が過ぎているので、埋葬された遺体は白骨化している。通常人体は死後、微生物やカビ、昆虫などによって骨にされ、さらに骨すら分解されてなくなってしまう場合がほとんどである。昆虫を含む節足動物が関わるのは、白骨化するまでで、骨まで食べるムシはいない。季節や土地柄によって白骨化のスピードは異なるが、おおよそ1か月から2か月ほどであり、この間の出来事をムシたちは見ているのである。

死体現象とは、死後に現れる物理的・化学的・生物学的変化を総称したもので、死後間もなく現れる早期死体現象と死体の分解過程である晩期死体現象に分けられる。晩期死体現象には自家融解、腐敗、動物損壊などがある。腐敗や動物損壊が進めば死体は白骨化していくが、無数の昆虫・水棲《すいせい》動物の蚕食があれば数週間で白骨化することがある。

「腐敗」とは細菌による死体の分解過程のことで、生体には常在菌といわれる細菌が存在し、とくにもっとも多くの常在菌が存在するのは腸内で、その他皮膚表面、鼻腔、口腔、女性生殖器などにも多数の常在菌が存在している。通常、生体ではこのような常在菌に対して防御機能が働いているので健康に影響はないが、死亡後には防御機能が消失するため細菌が急激に増加して腐敗現象が起こることになる（舟山・浅村 2015）。死体の腐敗現象が進むと腐敗体液やアンモニア、硫化水素といったガスが発生し、それらが腹腔内に貯留すると腹部の膨隆をもたらし、腹圧の増加によって胃内容物の逆流や尿や便の漏出が生じる。

今回、ここで先史・古代のヒトの死と埋葬に関連するのは、とくに死後の動物損壊である。死体を蚕食・毀損《きそん》する主な動物は、無脊椎《むせきつい》動物では昆虫、脊椎動物では鳥類と哺乳《ほにゅう》類である。昆虫類では、クロバエやニクバエなどの幼虫（ウジ）が死体を蚕食することがよく知られている。このようなハエ類は死後間もなく死体に卵を産み付け、数日以内に卵からウジが孵化《ふか》して、死体を食べる。ウジは消化酵素を出して死体を溶かしながら食する。

医学の世界で使用されている、ウジの成長度合いを使った死後経過時間（ＰＭＩ）の推定法は、ウジの成長が春秋で１㎜／日、夏で２㎜／日としてウジの長さを割って死亡経過時間を推定するという方法である（舟山・浅村 2015）。また、ハエの蛹の殻は死後２週間程度の目安であるという（舟山・浅村 2015、高津 2016）。これもハエの集まりやすさ、ハエの種類、ウジの成長に関わる環境因子（温度・湿度）によって誤差が生じるため必ずしも実務的ではないとされる。ハエのウジ以外では、シデムシやカツオブシムシ、さらにはアリやゴキブリなども死体を蚕食するものとして挙げられている。

日本の法医学の世界では、死後硬直や死斑《しはん》などの早期死体現象の発現に関わる時間的経過については細かな記載はあるものの、晩期死体現象についての記載はあまりない。それに比べ、アメリカの法医学の研究書には詳細な実験データなどとともに記載されている。そして、ハワイでの犯罪捜査にはムシたち、とくにハエが活躍する（マディソン 2002）。そのためであろうか、アメリカではクロバエやイエバエの種ごとの生態が詳しく研究されている。

日本の法医学書の少ない記載から関連部分を拾うと、地上での大人の白骨化には１か月以上必要とされる（高津 2016）。また腐敗が進み、便や尿を漏出するような巨人状態になるのは1週間という記載がある（舟山・浅村 2015）。腐敗の進行度合いは、「キャスパーの法則」と呼ばれ、地上の腐敗速度を1とすると、水中では2分の1（2倍の時間がかかる）、土中では8分の1（8倍の時間がかかる）で腐敗が進行するという（舟山・浅村 2015、高津 2016）。

4　遺体上に群がるムシたち

ヨーロッパや北アメリカの研究書をみても、具体的な腐敗の各段階の時間幅についてはは明確な記述がない。地域または季節、埋葬の状態などでその期間が異なるためであろうか。一例ではあるが、スミス K. G. V. はボーンミッザ G. F.（1957）がオーストラリアで行ったブタの遺体の腐敗と各段階の節足動物の種類についての研究を挙げているが、そこでは5段階に分離されている（Smith 1986）。

1．新鮮期（0～2日）
　死体は外見からは新鮮に見えるが、内部的には動物体内にいたバクテリア、原生動物、線形動物による分解が進む。

2．腐敗期（2～12日）
　死体は体内で作られたガスによって膨張し、肉が腐敗し臭いを伴う。

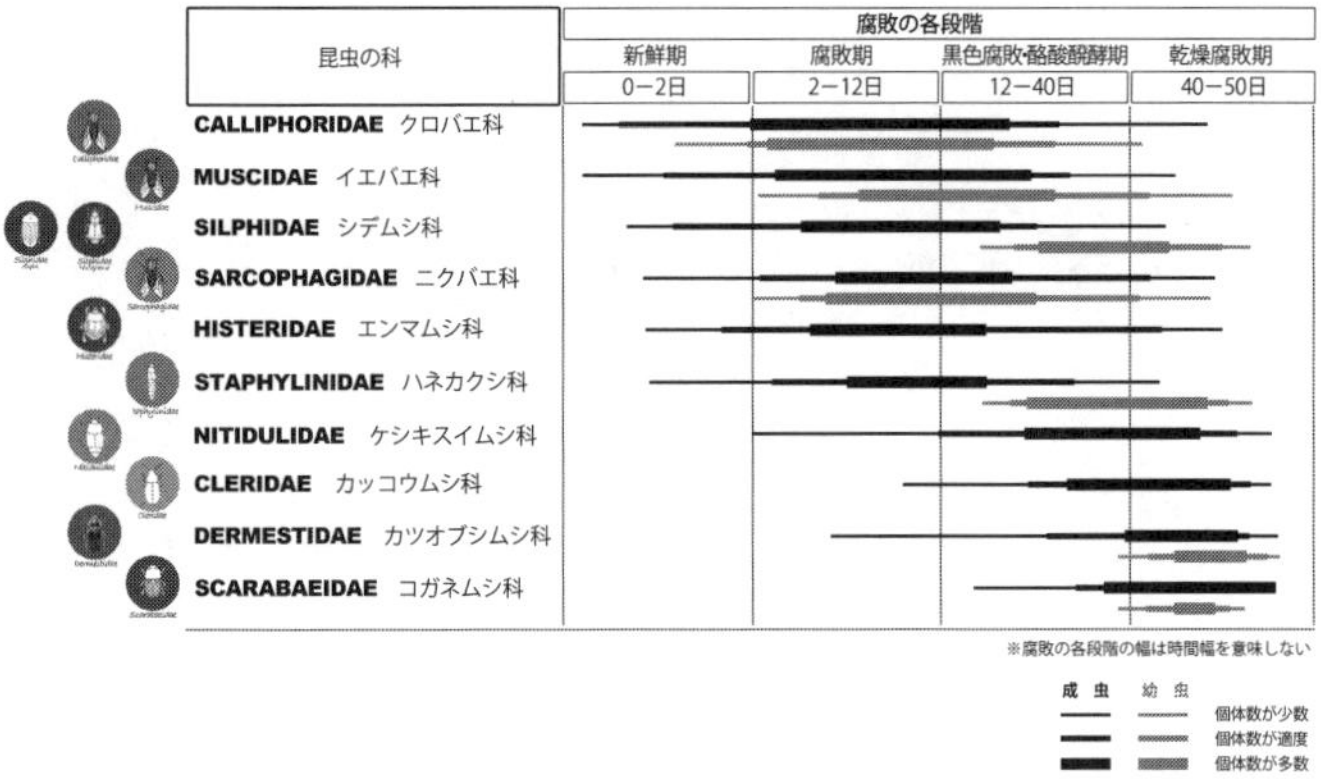

遺体上に群がる昆虫の時間的経過による遷移模式図（Jason and James 2010より作成）

3. 黒色腐敗期（12～20日）
肉が柔らかくなり、露出した部分は黒くなる。胴体がガスの放出時に崩れ落ちる。腐敗臭が非常に強い。

4. 酪酸（ブタン酸）発酵期（20～40日）
死体は乾燥してしまう。いくつかの肉が最初はチーズのような臭いを発する。胴体の表面が発酵状態からカビで覆われるようになる。

5. 乾燥腐敗期（40～50日）
死体はほとんど乾燥する。腐敗の進行が遅くなる。

死体の腐敗の各段階は、書物によってその分類名や分類数が異なるが、死体上の節足動物は基本的にその性格から以下の4種に分類可能である（Smith 1986）。

1. 死肉食性種　遺体を直接食べるものの

ハエ目：クロバエ科、甲虫目：シデムシ科（一部）・カツオブシムシ科

2. 死肉食性種の略奪者・寄生者

甲虫目：シデムシ科（一部）・ハネカクシ科、ハエ目：腐肉食性のハエが後の齢で捕食者となる、オビキンバエ属（クロバエ科）、ヒメクロバエ属・トゲアシメマトイ属（イエバエ科）

3. 雑食性の種

スズメバチ、アリ、死体とその上に群がるものの両方を食べる甲虫目類

4. 外来種

死体を彼らの環境拡大のために使用するもの、トビムシ類・クモ類（偶発的な捕食者となりうる）

自家融解と腐敗作用の始まりの後、死肉食性昆虫が現れる。これも1年のうちのどの時期なのか、または死体の状態によっても異なる。しかし、彼らの行動は死体の腐敗作用と分解作用を加速することだけは確かである（Smith 1986）。

5　遺体上に現れる節足動物の生態と時間的遷移

ここでより詳しく、遺体上のムシたちの生態とその変遷について述べてみよう。

イエバエ科、ニクバエ科、クロバエ科のハエは犯罪捜査でもっとも重要な種といわれる(Jason and James 2010)。それはこれらのハエが、人の死後、まっさきに遺体上に現れるからである。それぞれの科の生態的特徴は以下の通りである。

・クロバエ科(blow fly) 腐食性

腐敗の最初の段階で卵を産み落とす。幼虫は腐敗の初期、発達期、最終期に遺体を食べる。ある種の幼虫は他の幼虫を捕食する。世界に1000種以上。分解する組織を攻撃し、最初に遺体に群がるハエである。主に分解の初期に繁殖。死亡推定時刻を知るのにもっとも重要な種である。体の開口部や傷口に卵を産む。成虫は乾燥した遺体も食すが、メスは湿っていないと決して卵を産まない。成虫は6~14㎜、成熟した幼虫は8~23㎜。

・ニクバエ科(flesh fly) 腐肉食性

幼虫が腐敗の初期と後期に繁殖する。主に腐敗の前段階で遺体を食べる。世界で2000種以上が知られる。ほとんどの種は熱帯・温帯暖気候で見つかる。彼らはクロバエ科のハエと異なり、湿った気候の中で活動的であり、腐敗期の遺体に最初に群がる虫たちの部類に入る。分解の初期と末期の両方に見つかり、部屋の中の遺体にも普通にみられる。成虫は中型のサイズで、2~14㎜。他のハエと異なり、卵を産まない。卵は生殖器官内にとどまり、幼齢1期の幼虫として産み出される。幼虫の大きさは3~19㎜。

・イエバエ科(house fly) 食糞性

傷の中もしくはシミがついた衣服、大便などに卵を産み落とす。幼虫は大便の上または遺体の液化した部分を食す。児童の虐待・放置を証明するハエである。世界で４００種以上で、人間の居住地と結びつきが深い。腐敗植物や動物、糞や血を食べる。残飯や下水汚物や不衛生な生活環境の周囲で発見され、もし衣服に小便や大便でシミができていたり、内臓の内容物が露出していたりすればそれらに引き寄せられる。成虫は小さく３～10㎜。生活環には比較的高い温度が必要。そして好適な環境下では全生活環は６～８日ほどである。幼虫のサイズは５～12㎜。幼虫は、遺体周辺や下の流体、もしくは水状の土壌中でしばしば発見される。

これらのハエは羽化しても遺体上もしくは遺体周辺に囲蛹殻を残すために、考古学資料として有効である。

・甲虫

甲虫はハエよりいくらか遅れて遺体に群がる。さらに、多くの甲虫の種がハエよりも長い生活環をもつ。ハエが最初に遺体に群がり、甲虫はその卵や幼虫を食べるものであるが、シデムシ科、カツオブシムシ科、ケシキスイムシ科、カッコウムシ科の一部の甲虫は分解中の遺体を直接食する。ハネカクシ科、シデムシ科、エンマムシ科、ガムシ科の甲虫は暖かい環境であれば、死後１～２日内の分解初期に現れる。彼らのほとんどはハエの卵や幼虫の捕食昆虫である。これらが豊富であれば、遺体上のハエの数を減らしている可能性がある。もしハエが彼らの生活環をすべて終了し、遺体から離れた場合は、これらの甲虫の生活環がＰＭＩの推定に役立つ場合がある。彼らの生活環はハエとよく似た完全変態の生活環であるが、ハエよりも幼虫期の齢数は多い。たとえば、カツオブシムシ科の場合、普通は完全な蛹になるために9齢以上が必要である。しかし、食料不足の影響で5〜7齢で蛹になることもある。よって、ハエと比べればややおおざっぱな推定となる。

遺体の腐敗が進んだ段階に、骨上の乾燥した柔組織、軟骨組織の残りに群がる最後の甲虫種は、ヒョウホンムシ科、カツオブシムシ科、コブスジコガネ科、ゴミムシダマシ科、アカアシホシカムシ（カッコウムシ科）、カッコウムシ科であり、ふつう残存物がほとんど骨化に近いときに発見される。ゴミムシダマシ科、ヒョウホンムシ科、アカアシホシカムシ他の甲虫の幼虫と成虫は、骨の下の土壌もしくはカーペット、骨と関連する衣服の中から発見される。さらに、アカアシホシカムシの成虫とチーズバエの幼虫は骨が割れていると骨の髄腔の中から発見される。腐肉あさりの昆虫の残滓《ざんし》（蛹室、脱皮殻、膜組織、死んだ成虫）は人の死後でも腐敗せず長い年月残る場合がある。これらは条件が良ければ、考古資料としても有効である。

カッコウムシ科、カツオブシムシ科、ゴミムシダマシ科の未成熟段階の発育状態はやや長いＰＭＩを探る手掛かりになるが、他の一般的な甲虫の未成熟段階の情報は現状ではまだ利用できない。

・その他の節足動物
その他の節足動物の例としては、以下のようなものがある。
膜翅《まくし》（ハチ）目　ミツバチ、スズメバチ、アリ
鱗翅《りんし》（チョウ）目　チョウ、ガ
半翅（カメムシ）目　カメムシ
シラミ目　シラミ
網翅（ゴキブリ）目　ゴキブリ
ダニ目　ダニ
クモ綱　クモ、マダニ、ダニ
この中で膜翅目がもっとも一般的である。ミツバチが液化状態のときに遺体を食べるのに対し、スズメバチとアリはハエの卵のもっとも大きな捕食者である。スズメバチはハエの成虫を捕らえ、巣にいる幼虫に与える。しかし、これらは遺体（人骨）上に痕跡を残さないため、考古資料には適さない。

6　ハエや昆虫を利用した埋葬習俗復元

ここでは、ハエや昆虫が埋葬習俗復元に利用された葬送昆虫考古学の研究の実例として、

ペルー・モチェ文化における埋葬法の復元と日本の古墳時代の殯《もがり》の例を挙げてみたい。

モチェ文化とは、ペルー北海岸に注ぐモチェ川に由来する紀元前後から紀元700年頃まで繁栄したインカに先行する高度な文化の一つである。このモチェ文化の中心的都市の一つと考えられているワカ・デ・モチェ遺跡において、月のピラミッドの麓にあるウーレ基壇の発掘が1999年から行われ、多数の残存状態の良い昆虫資料が人骨や副葬品の壺《つぼ》の中から発見された。うち2006年に発掘されたモチェ45号単独墓では、昆虫組成による埋葬法の復元によってモチェ文化におけるハエの重要性に関する貴重な知見が得られている（Huchet and Greenberg 2010）。墓の被葬者は20〜30代の女性で、土壙内の4地点と人骨の周囲から多数の昆虫遺体が発見された。ハエには、クロバエ科、イエバエ科、ニクバエ科の3種があり、コブスジコガネ属の甲虫 *Omorgus suberosus* F.（和名不明）の前翅片も検出され、遺体下の土壌からはそれらの蛹殻が発見された。寄生バチは発見されなかったが、その存在はニクバエ科のハエの囲蛹殻に開けられた穴から証明され、アシブトコバチ科やコガネコバチ科のハチが寄生していたことが判明している。これら昆虫の組成とそれぞれがもつ生態的特性から、寄生バチがニクバエ科のハエの蛹に産卵するまでの期間、この被葬者は地上で乾燥状態まで放置されていたことが明らかになった。

モチェ文化の土器には人の死と結びついた象徴的なハエの表現がみられる（c）。神殿から出土したある土器には処刑のために運ばれる囚人たちに卵を産み付けるタイミングを待っている複数のハエの姿（a）が、別の土器には骨になって踊る死人たちの間で魂の到着を祝うハエ1匹（b）が描かれていた。モチェ文化の人々は人の生命や魂がハエに宿ると信じており、後の16世紀代のペルーの伝承にもハエが人の死との関わりの中で登場する。モチェの人々は魂の回帰を願って本葬の前に少なくとも1か月以上、故意に遺体をハエにさらしていたと考えられる。このようなハエの生態がわからなかった時代には、ハエや飛翔《ひしょう》するムシに生命が宿るという考えは一般的であり、西洋においても1668年に初めてハエの卵とウジの関係が発見されるまでは、ウジはもともと人の肉体内に居て死後外へ出てくると信じられていた。

次に古墳時代の殯の例である。殯とは、日本の古代に行われていた葬送儀礼で、死者を本葬するまでの期間、棺《ひつぎ》に遺体を仮安置し、別れを惜しみ、死者の霊魂を畏《おそ》れ、かつ慰め、死者の復活を願いつつも、遺体の腐敗・白骨化などの物理的変化を確認することにより、死者の最終的な「死」を確認することをいう。この殯は考古学的には、殯屋を墳墓上あるいは墳墓に接して建て、そこで殯の儀礼が行われ、殯が長期間に及ぶと腐敗が進み、遺体の関節が外れバラバラになる場合もあると理解されていた。これに対し、田中良之氏は、愛媛県松山市葉佐池《はざいけ》古墳1号室の最終埋葬者であるB人骨（熟年男性）に張り付いて発見されたハエの囲蛹殻がヒメクロバエ属とニクバエ属のものであることから、それらの生態からみて、殯が閉じた棺内や石室内ではない明るい場所で数日間行われ、被葬者は、ハエ

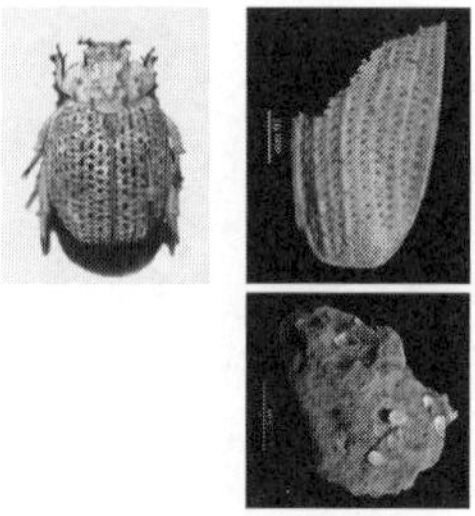

コブスジコガネ属甲虫

遺体の曝露の最小期間
～1ケ月

b

(A)

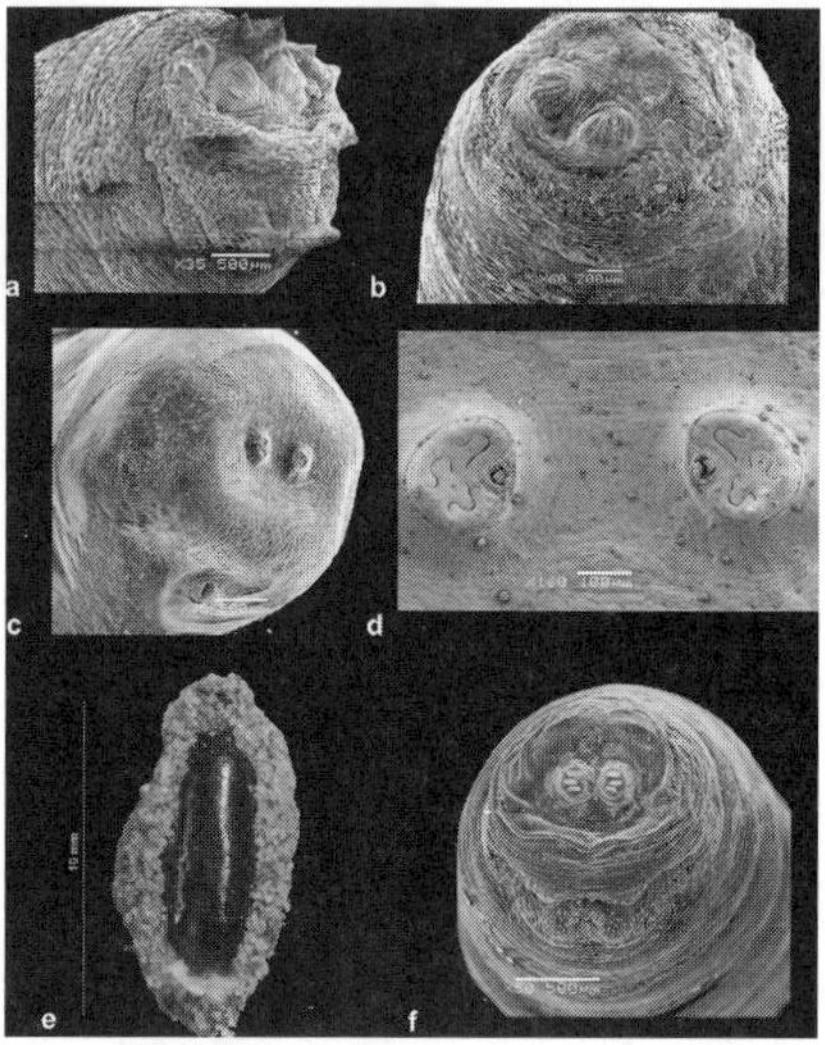

a：クロバエ科
Compsomyiops verena
b：クロバエ科
Cochliomyia macellaria
c・d・e：イエバエ科
Synthesiomyia nudiseta
f：イエバエ科
Ophyra aenescens

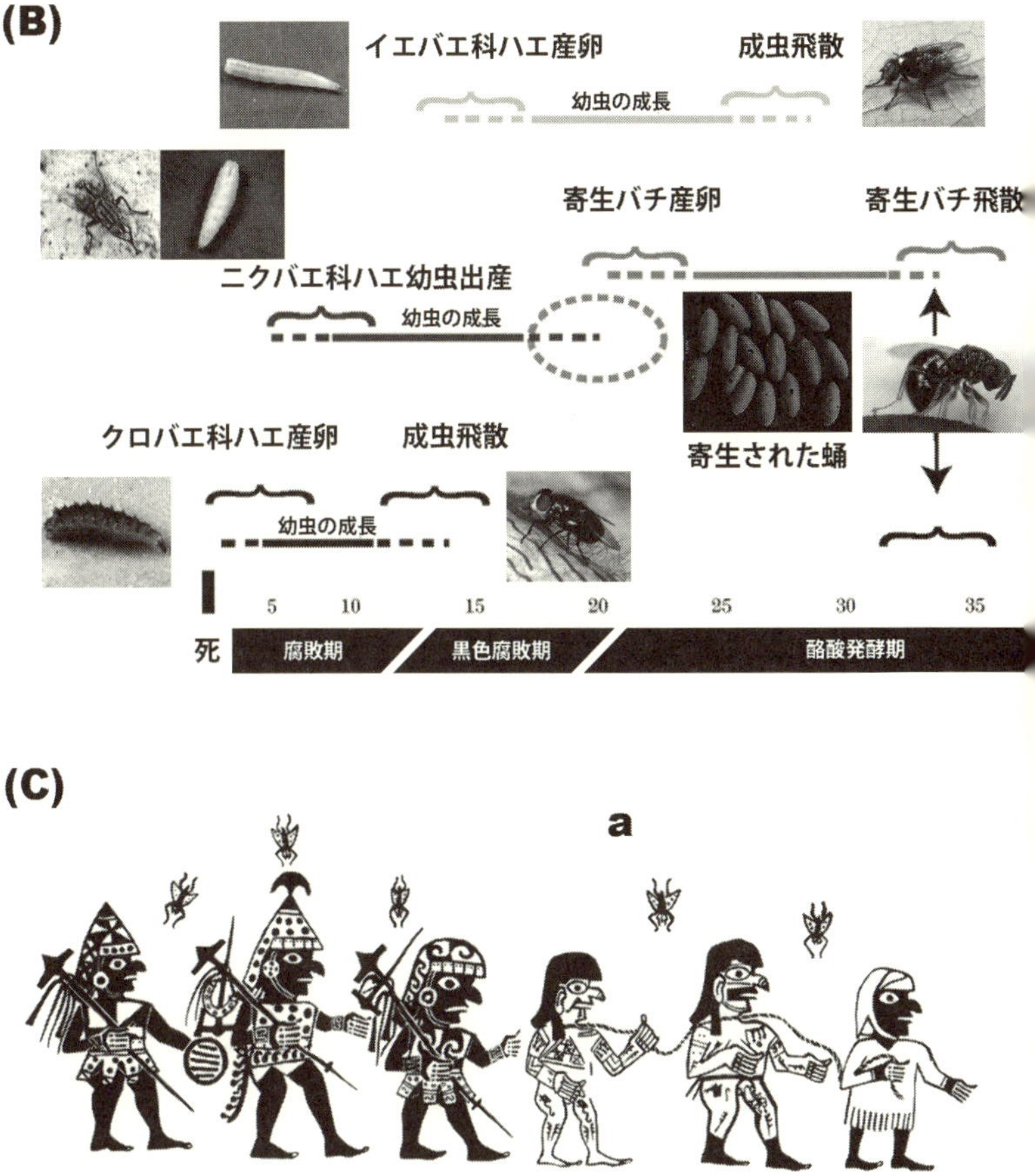

中米モチェ文化の埋葬遺体とハエ（Huchet and Greenberg 2010より作成）
A：モチェ45号墓から発見されたハエの囲蛹殻、B：モチェ45号墓の遺体の変化と寄生昆虫の遷移、
C：モチェ文化の土器に描かれたハエ

の主たる繁殖時期である夏を中心に春から秋にかけて死亡したと推定した。そして、『魏志』倭人伝《わじんでん》や『隋書《ずいしょ》』倭国伝、日本書紀の記載や黄泉国《よみのくに》神話などを参考に、殯は墳墓域ではなく、居住域もしくは「歌舞」が可能な他の開けた場所に建てた殯屋で行われ、通常は1週間以上十数日間であった可能性が高いと推定した。この場合、遺体はまだ解剖学的正位置を保ったままであり、これまでの考古学的な「殯」観とはまったく異なる見解を示した（田中1999・2004）。

ここで用いられたのは、腐肉を好み、動物や人の死後3～4日後に飛来するというヒメクロバエ属（イエバエ科）のハエの生態である。そして暗闇での活動がないことから、本葬前、つまり殯の段階に卵が産み付けられたと推定された。そしてその場所は産卵できる明るい場所であったことから、殯が石室とは異なる場所で行われたことの根拠とされた。殯の期間が短かったもう一つの証拠として田中氏が示したのは、人体の晩期腐敗現象の一つである腹部の膨隆による大便の漏出である。その例として挙げられたのは、宮崎県島内《しまうち》地下式横穴墓群69号墓（5世紀後半）から発見された女性人骨の骨盤腔外に出た大便の痕跡であった。これにより、田中氏は、少なくとも1週間以上経過して本埋葬された、つまりこのような現象が起こる前に埋葬されたことを示した。

7　黄泉国神話と開けた石室

遺体上のハエやウジを連想させるものに、『古事記』・『日本書紀』に登場する「黄泉国」の神話がある。

初めて宇宙に現れた3柱の天神は、神世七代の最後の2人、伊邪那岐命（イザナギノミコト）と伊邪那美命（イザナミノミコト）の2柱の神に国造りを命じた。「黄泉国」神話とはこの国造りを担った2人の神にまつわる著名な神話である。黄泉国の別名は暗黒の夜を思わせる夜見之国（よみのくに）、地下の国を意味する根堅洲国（ねのかたすくに）または根国（ねのくに）であり、死者の世界である。この話は古くから古墳時代の横穴式石室をイメージさせる神話として注目されてきた。以下に、かいつまんで話の筋を紹介する。

国造りの途中で、火の神を産んで火傷《やけど》を負って死んだ妻のイザナミノミコトの死を悲しんだイザナギノミコトは妻に会いたくなって黄泉国の殿を訪ねる。そこで、帰ってきてほしいと懇願するイザナギに対し、イザナミはすでにこの国の黄泉戸喫（ヨモツヘグイ：食事）をしてしまったのでもう帰れない、訪ねてくるのが遅すぎたという。

しかし、イザナミは黄泉国の神様に戻れるよう頼んでみるので、しばらく待ってほしいとイザナギに伝える。その間、決して自分の姿を見ないようにと付言する。イザナミが出てくるのを待っていたイザナギは待ちくたびれて、美豆良《みずら》の櫛《くし》を折り松明《たいまつ》とし、妻との約束を破って、扉を開けて中へ入ってしまう。そして、そこで見たものはウジの湧いた妻の変わり果てた醜い姿であった。

恐れをなして逃げようとするとき、妻は姿を見られ侮辱されたと怒り、黄泉国の醜い女たちを集めイザナギの後を追いかけさせた。逃げていく途中でイザナギは髪の毛をたばねていた鬘《かずら》を投げブドウとなし、それを女たちが食べている間に逃げ、さらには櫛の歯を投げ筍《たけのこ》とし、それをまた女たちが食べている間に逃げた。さらにイザナミは次に黄泉国の雷神に1500人の兵士をつけて追いかけさせた。イザナギは剣をふるって追手を撃退したが、さらに追いかけてくるので、黄泉比良坂《よもつひらさか》においてモモの実3個を投げて追手を追い払った。最後にはイザナミ本人が追いかけてきた。そこで黄泉比良坂に千引石《ちびきいわ》という大石を引き立てて塞《ふさ》いだ。その石を間に置き、イザナミは人を1日1000人殺すという。それに対してイザナギは1日1500戸の産屋を建てると答える。これにより、1日1000人が死に、1500人が生まれるようになった。この後イザナギが筑紫《つくし》の海で穢《けが》れを祓《はら》う際、左目を洗って生まれたのが天照大神《あまてらすおおみかみ》であり、高天原《たかまがはら》の統治者となった。

この黄泉国は古くから畿内の横穴式石室の世界を表現したものと解釈されてきたが、最近それに対し、和田晴吾氏はこれらが九州地域の横穴式石室をモデルにしたものであるという新しい見解を示した（和田 2014）。

和田氏によると、古墳時代の前期に列島各地に広がった古墳文化のもとでは本来、遺体は、遺体との隙間のない刳抜式《くりぬきしき》の割竹形木棺や組合式の箱式木棺などに納められ、さらには棺が竪穴式《たてあなしき》石槨《せっかく》や粘土槨の中に安置され入念に密封されていたという。その目的は遺体を邪悪なものから護《まも》るためであったらしい。

しかし、埋葬施設として横穴式石室が用いられるようになると、畿内と九州では大きな差異が生じた。つまり、同じ横穴式石室でも畿内の横穴式石室には釘付式木棺や刳抜式や組合式の家形石棺などの「閉ざされた棺」が安置されており、いずれの棺も密封型であり、棺が朽ちない限り中を覗《うかが》うことはできない。ここでは遺体は棺と石室で二重に密閉され、棺内部と石室内部は不連続であり、一定の埋葬儀式が終了し石室が閉塞《へいそく》されると、石室空間は無機質な空間になったと推定される。このような石室を和田氏は「閉ざされた石室」と呼ぶ。

これに対して九州系の横穴式石室には、石室の床に直接遺体を安置する空間を設けたり、出入り口をもつ石棺を設置するなど、いわゆる「開けた棺」を置いて、死者（遺体）が自由に石室空間を遊動できる空間を創出した「開けた石室」が大きな特徴であったようである。これは畿内系の横穴式石室が死者を封じ込めたのとは対照的である。

和田氏は、黄泉国で繰り広げられるイザナミとイザナギの一連の振る舞いの舞台は、この開けた石室（九州系の横穴式石室）そのものを描写したものと推定する。氏の考えのオリジナルな点は、かつて石室の入り口と考えられてきた殿の扉（縢戸《くみど》：「とざしど」ともいう）を組合式の平入《ひらいり》の家形石棺（九州系石室に特徴的な石棺）の扉とし、石室の閉塞石ではなく、石室内にあったものと捉《とら》えた点である。また、閉塞石は九州では一枚の板石であり、畿内系の石室が塊石と土で塞がれたものであったのに比べれば、「千引石」のイメージに近い。

もちろんこの扉を開けて入っても石棺の中は暗い空間である。イザナギは櫛を折りとり火をつけて松明とした。そこで見たものはまさに腐敗期に差し掛かり、たくさんのウジが湧いていたイザナミの遺体であった。ウジが湧くことも腐敗初期であることを示している。死後1～3週間と推定される腐敗期の遺体を目にすることができたのは、扉を開閉できる構造の開けた石棺であったからで、閉じた棺に入れられていなかったからであった。イザナミの墓が設けられた出雲国《いずものくに》と伯耆国《ほうきのくに》の境は、九州系横穴式石室の分布する地域である点もこの推定を裏付けている。

8　鉄器の銹が語るもの——もう一つの圧痕

黄泉国での面会前の記述にある、神避《かむさ》りしイザナミの枕や足元にすがって泣き叫ぶイザナギの姿は、殯の一場面を示し、その場所が本葬前であり、殯が石室の中で行われなかったことを間接的に示している。また、『日本書紀』別伝では、殯屋と思われる場所でイザナミとイザナギが邂逅《かいこう》する例も示されている。いずれにせよ、イザナミの遺体の上に湧いたウジは殯段階で産み付けられたハエの卵が孵化したもので、石室内でハエが卵を遺体上に産み付けたわけではない。田中氏が述べた（田中1999・2004）、殯の期間がきわめて短かったことは、埋葬址から発見されるハエ囲蛹殻そのもの以上に、副葬された鉄器上に付いたハエの囲蛹殻の痕跡が雄弁に物語っている。

古墳に副葬された刀や鏃《やじり》、甲《よろい》や冑《かぶと》などにハエの囲蛹殻の銹痕《さびあと》が多数認められる。筆者は、2014年、宮崎県にある西都原《さいとばる》考古博物館で当時学芸員だった藤木聡さん、そして鉄器の保存処理を担当している日高敬子さんの紹介で、博物館が所蔵する県内の地下式横穴墓から出土した囲蛹殻の付着した鉄器を見せていただいた。お二人との慎重な検討を経て、これをレプリカで反転させる可能性を模索し、成功した。これを受けて2017年の冬から本格的に調査を開始した。これは「土器圧痕《あっこん》」に対するもう一つの圧痕ともいえる「銹《しゅう》化生物化石《か》」(ここではハエが主体であるが)への圧痕法の応用の挑戦であった。鉄器に残る昆虫の銹化痕跡からどれほど情報が取り出せるのか、初めての試みが始まった。

この地下式横穴墓というのは宮崎県や鹿児島県を中心とした地域に特有な古墳時代の墓で、地下深くに部屋を作ってそこに直接遺体を納める。地域によっては石棺も入れられるが、狭い搬入口に合わせるように組み合わせ式になっており、基本目張りもない。先の開けた棺、開けた石室の世界である。

しかし、研究上の大きな問題は、囲蛹殻でハエの種を同定せねばならない点であった。先にみてきたように、遺体に関連する主要なハエは、クロバエ科、ニクバエ科、イエバエ科の3科に限られるが、それぞれがかなりの数の属や種を含んでいる。専門家ではないので、種を特定できない。その際、林晃史・篠永哲両氏の『ハエ』という本(林・篠永 1979)が大変参考になった。

幼虫が蛹になる際、ハエ類では3齢幼虫の皮膚が蛹殻として使用され、蛹化に際しては、幼虫の皮膚は強く硬化し、収縮する。収縮すると頭部は内側に引き込まれ、咽頭《いんとう》骨格は触角の内に入り、前方気門が突起状に残る。蛹殻が完成すると内側の幼虫内に新たな蛹ができる。このためこの段階の蛹を囲蛹(puparium)という。成虫が羽化した後の囲蛹は「囲蛹殻」と呼ばれる。

また、通常、囲蛹殻は頭部が環状に割れて成虫が出てくるため、触角や前方気門は外れ

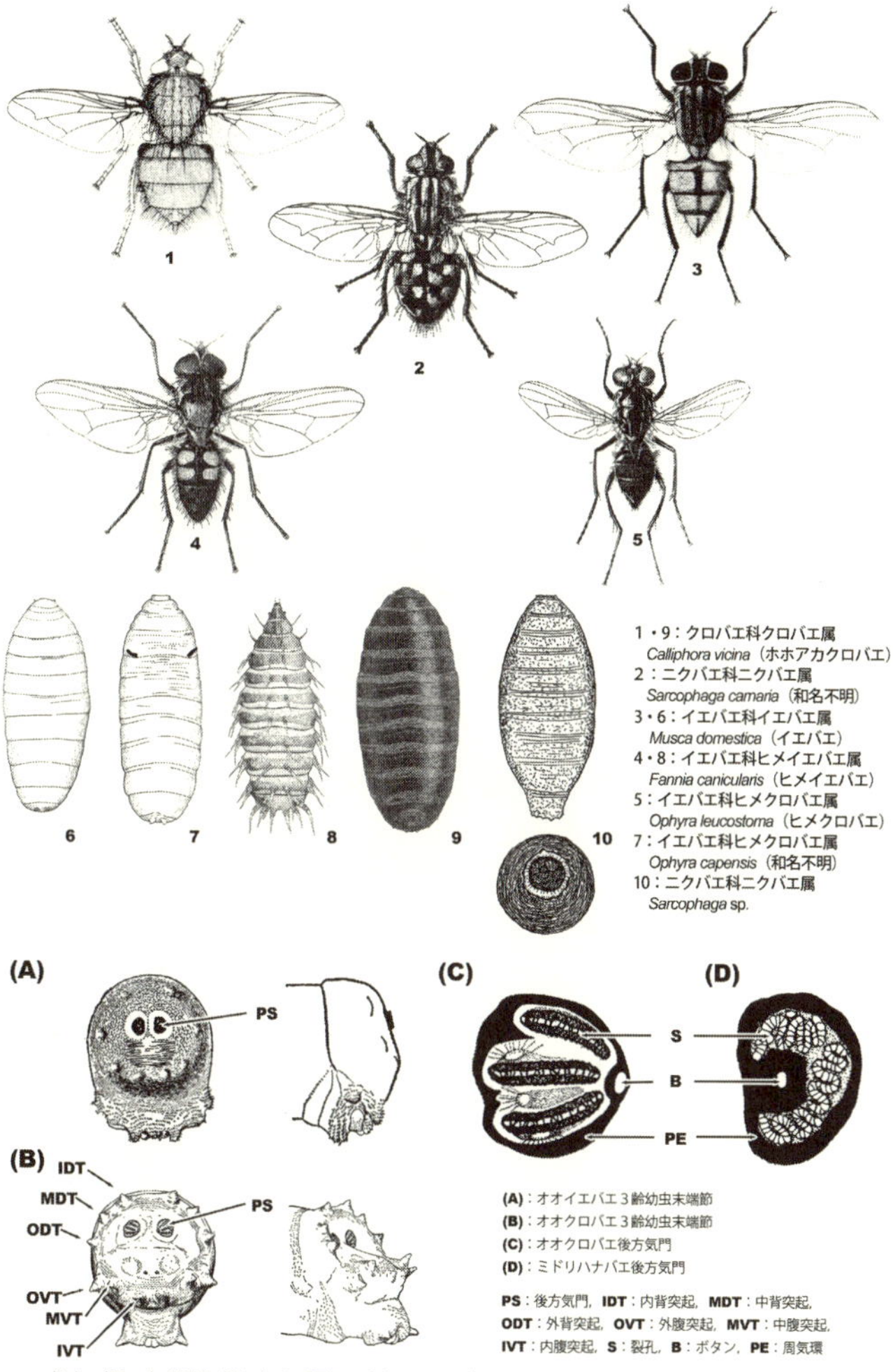

ハエの成虫・蛹・末端節（後方気門）の種ごとの違い
（Smith 1986・Smith 1989・林・篠永 1979より作成）

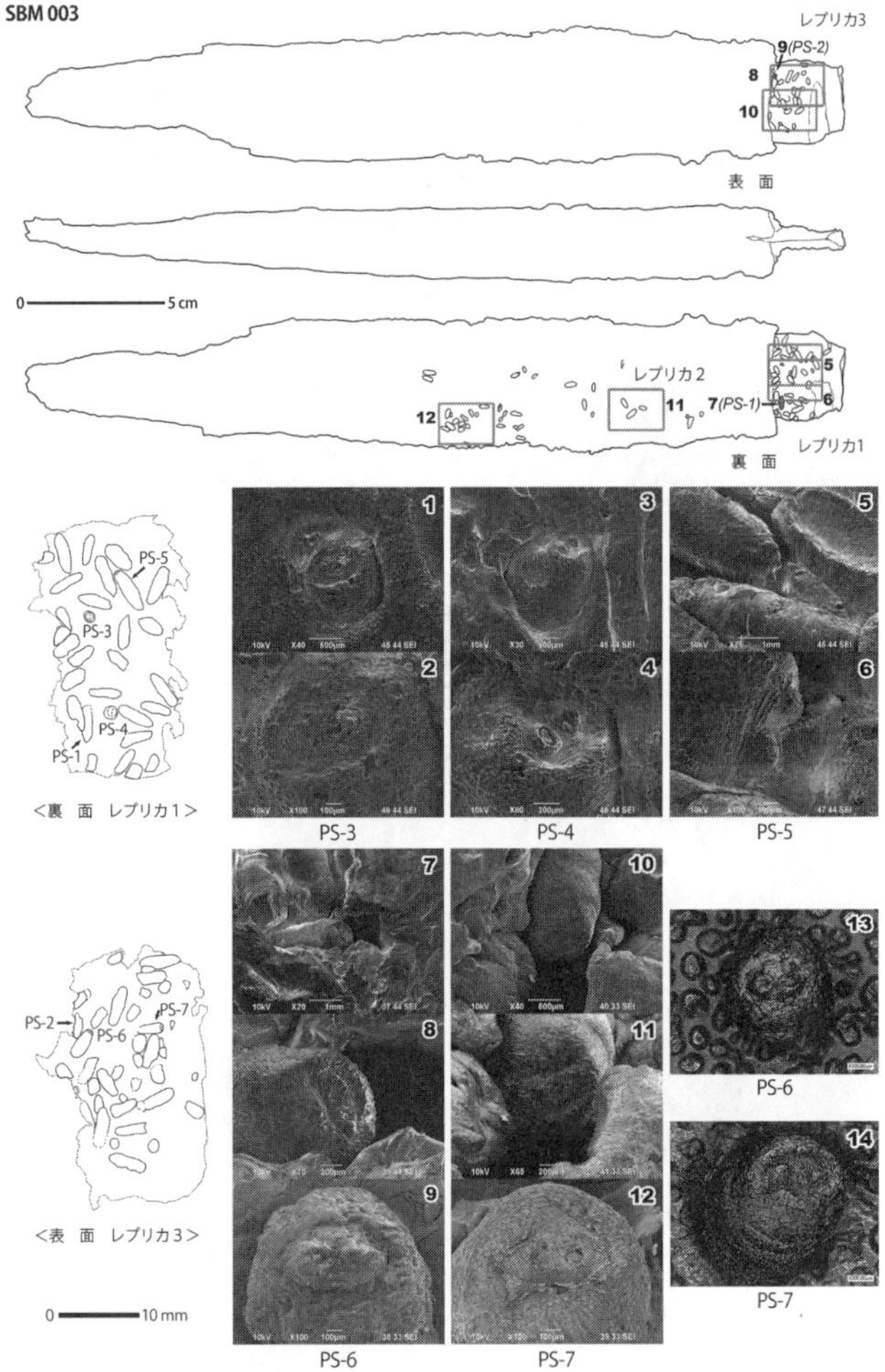

鉄器上に付着したハエの囲蛹殻と第12節のレプリカ拡大写真
（宮崎県香禅寺地下式横穴墓出土鉄剣）

ている場合が多く、後方気門が同定の決め手となる。囲蛹殻は収縮作用を受けており、後方気門のある末端節も先の前蛹段階の3齢期幼虫とは若干異なっていることは注意を要する。ただし、その痕跡は残っており、3齢期幼虫の後方気門および裂孔の形態は同定の参考となる。

さらに、囲蛹殻の全体的な表面の組織や囲蛹殻の大きさ、形態なども同定の手掛かりとなる。囲蛹殻はほぼ円筒形で節を分ける横方向の縞《しま》がある点でみなよく似ている。しかし、ヒメイエバエやノミバエの一部の幼虫のように背腹が扁平《へんぺい》なものがあり、蛹もその形態をよくとどめる。とくにヒメイエバエ属は体節に特徴的な刺《とげ》があり、区別が容易である。

レプリカを作成してみた結果、後方気門をもつ末端節はレプリカで転写すると肉眼でみるより多く残存していることが判明した。それらは、後方気門と末端節の特徴からみてヒメクロバエ属と同定できそうであった。とくに大萩地下式横穴墓第27号墓から出土した刀《とう》子《す》に付いたハエ囲蛹殻の銹痕は、あまり銹化していない囲蛹殻が認められ、後方気門には3本の長い裂孔をもち、フリル付きの襟巻部をもつことから、ほぼヒメクロバエ属で間違いないと判断した。

また、同じ鉄器には、扁平で刺をもつヒメイエバエ属の囲蛹殻が2点確認できた。これらのハエはどちらもイエバエ科に属しているが、糞尿を好む通常のイエバエ科のハエとは異なり、動物や昆虫の死体を好む属群である（林・篠永 1979）。

実は、これらは銹痕というより囲蛹殻そのものであり、同定のための識別点をよくとどめていた。これに対し、銹化した囲蛹殻の同定を困難にしているもっとも大きな壁は、銹そのものというより、鉄器に付着している銹の進行を防ぐコーティング剤が銹化化石の表面を覆い、微細な組織（とくに重要な後方気門裂孔）がシリコーンゴムにうまく転写されない点にある。しかし、これらは今後、改良を加えていけば、同定根拠となる識別部分をより多く得ることも可能であると考える。

今回の試みでは、すべてのハエの種類が同定できた訳ではないが、同定できたハエの種類からみて、やはり腐敗期に遺体が埋葬されたことはほぼ間違いない。ハエが遺体に多く群がるのは腐敗期前半までである。

このハエ囲蛹殻が付着した鉄器ができるには、ハエが蛹になる前までに鉄器が遺体の傍に安置（副葬）されていなければならない。ハエの3齢後期の幼虫（前蛹期）は徘徊期とも呼ばれ、餌も食べずにあちこちを動き回る。基本的により高いところ、つまりより乾燥した場所へ移動する。そして、動けない蛹期に捕食されないよう、捕食昆虫に見つからないような物陰に潜むことが多い。彼らはその場所として鉄器の下や副葬品の中を選択した。その結果、ハエの成虫が羽化した後に、残された囲蛹殻は鉄器の銹の力で鉄器に固着されて現在に至ったという訳である。これは殯の時期がきわめて短かったという田中氏の見解（田中 1999・2004）を裏付ける傍証といえる。

また、大萩地下式横穴墓第35号墓から出土した鉄鏃《てつぞく》の矢柄部分には銹化した4点あまりのハエの成虫の断片（胸部と翅《はね》の一部や脚部）が認められた。これは成虫が捕食者である種の甲虫の成虫や幼虫によって食べられた残骸《ざんがい》と考えられる。人の遺体に産卵したハエ成虫ではなく、墓室内で羽化したハエ成虫である可能性が高く、すでに本葬前に捕食者が遺体上に侵入していたこと、ハエが羽化するまでそれらがいたことを示し、殯の期間が若干長かったことを示す。

これ以外に鉄器への付着の仕方から、副葬鉄器の副葬状態を復元することも可能である。たとえば立切地下式横穴墓第65号墓から検出された鉄製の鋤先は木製の刃（板）の先に装着するために折り曲げられた部分があるが、ハエの囲蛹殻痕跡はこの折り曲げられた内面側にしか付いていなかった。これはこの鋤先の表を上に置いたこと、そしてそこには木製の刃部や柄は付いていなかった、単体で副葬されたことを示している。これに対し、鉄鏃は表裏両面や矢柄の側面にまで痕跡が付いている例が多い。これはこれらが単体で副葬されたのではなく、束ねられるか、矢筒に格納された状態で副葬されたことを示している。

以上みてきたように、鉄器に付着したハエの成虫や蛹の痕跡は、遺体が本葬されるまでに遺体上にハエが卵を産み付けたこと、さらにはそれらを捕食する甲虫も遺体の上にいたことを示していた。この鉄銹に取り込まれた幸運な（考古学者にとって幸運なのかもしれない）ムシたちは、有機質が腐敗しやすい環境にある墓の中にとどまり、そこで行われた埋葬のようすを見ていた。そして、今、証人として、遺跡発掘という法廷に立ち、死と埋葬の現場について少しずつ語り始めた。

時代や場面こそ違え、このムシたちは土器中のムシたちと同じように、人の暮らしや精神性を語る貴重な語り部である。考古学者が次に注目すべき資料として、ここに、彼らを「第二の圧痕」と称したい。

Ⅵ章　殺虫・防虫の考古学

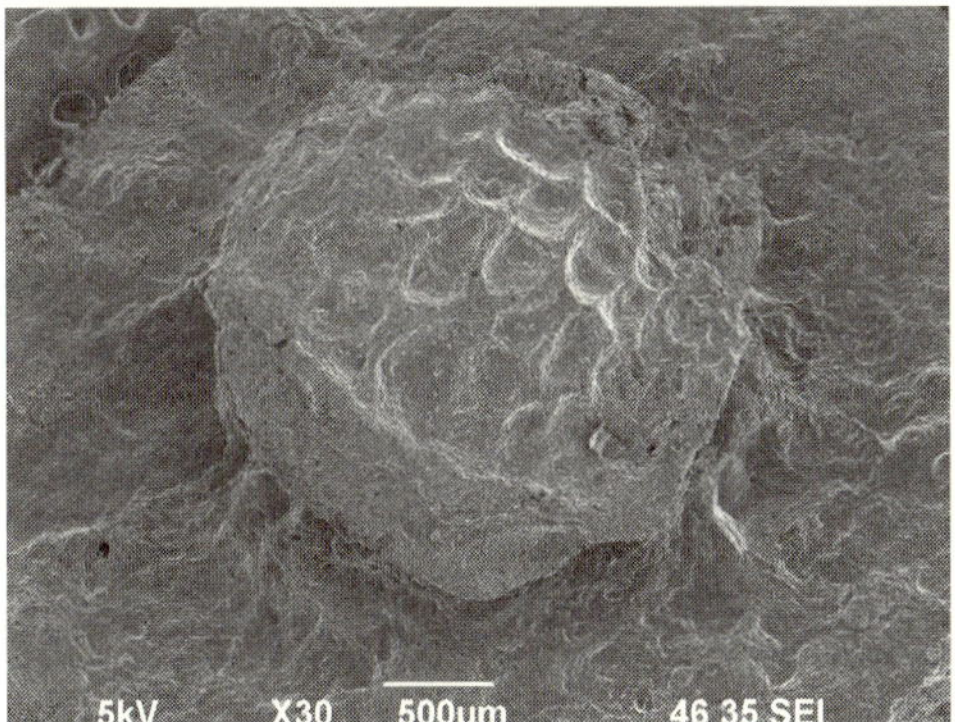

鹿児島県柿内遺跡出土のカラスザンショウ圧痕レプリカSEM画像

1　日本と世界の貯穀害虫

日本の遺跡から出土する昆虫の研究の草分け的存在である宮武頼夫氏によると、我が国の「考古遺跡から発見された害虫の遺体の産出状況」という表の中には、種名が判明した甲虫目49種、半翅《はんし》目9種、ケラ1種が挙げられている。そのほとんどを稲作・畑作・果樹などの農耕害虫が占め、林業、庭や庭木の害虫がそれに次ぐ（宮武1999）。貯蔵食物害虫はコクゾウムシ、ノコギリヒラタムシ、ゴミムシダマシの3種しか挙げられていない。

これは、遺跡土壌から出土する昆虫は甲虫目と半翅目を主体とすること、家屋内環境を示す種（家屋害虫）が乏しいこと、貯蔵食物害虫も現代のそれに比べ種類がきわめて少ないことを示している。現代の貯蔵食物害虫は、カツオブシムシ類、ヒョウホンムシ類、カッコウムシ類のような肉食群と、コクゾウムシ類やマメゾウムシ類のような植物食群に分けられる。

ただしこれは厳密ではなく、肉食群においても植物食を行うものもある。穀類やマメ類などを食べる昆虫はメイガなどのようなガもいるが、考古学的には検出が難しく、ここでの記載は甲虫が中心とならざるを得ない。貯穀害虫と呼ばれる甲虫たちは、穀粒を直接加害する一次性害虫と、加害され破砕された穀粒や粉を食害する二次性害虫、それらにつく菌を食べる食菌性の周辺害虫に分類できる。以下に、ヨーロッパ・地中海・エジプト地域で検出された貯穀害虫を中心に紹介する。

（1）一次性害虫

a. ゾウムシ科

コムギ、ライムギ、オオムギ、トウモロコシなどの穀物を中心にヒヨコマメ、クリ、ドングリ、ひき割りトウモロコシ粉などを食害する一次性害虫の一つである、ゾウムシ科のグラナリアコクゾウムシとココクゾウムシは、インド・近東がその起源地と考えられている。コクゾウムシも含めインドのヒマラヤの麓一帯という説もある。コクゾウムシ属の甲虫は、エジプトではおよそ紀元前２３００年のサッカラの階段ピラミッドの下の一つの墓中に堆積《たいせき》したオオムギの中から発見された例、それより６００年古い同じサッカラの別の墓からの発見例がある。また、第６王朝（紀元前２３２３〜２１５０年頃）のイチェティス女王の墓からも記録されている。これらはグラナリアコクゾウムシと思われる。

グラナリアコクゾウムシのもっとも古い例は土器圧痕《あっこん》であり、セルビアの新石器時代遺跡から発見されている。ギリシャでは中期青銅器時代のクレタ島のクノッソスと後期青銅器時代のサントリーニ島のアクロティリの例がある。ドイツのゴッティンゲン近くの前期新石器時代の遺跡（紀元前４９３５〜４８００年）例が南西ヨーロッパでもっとも古いもの

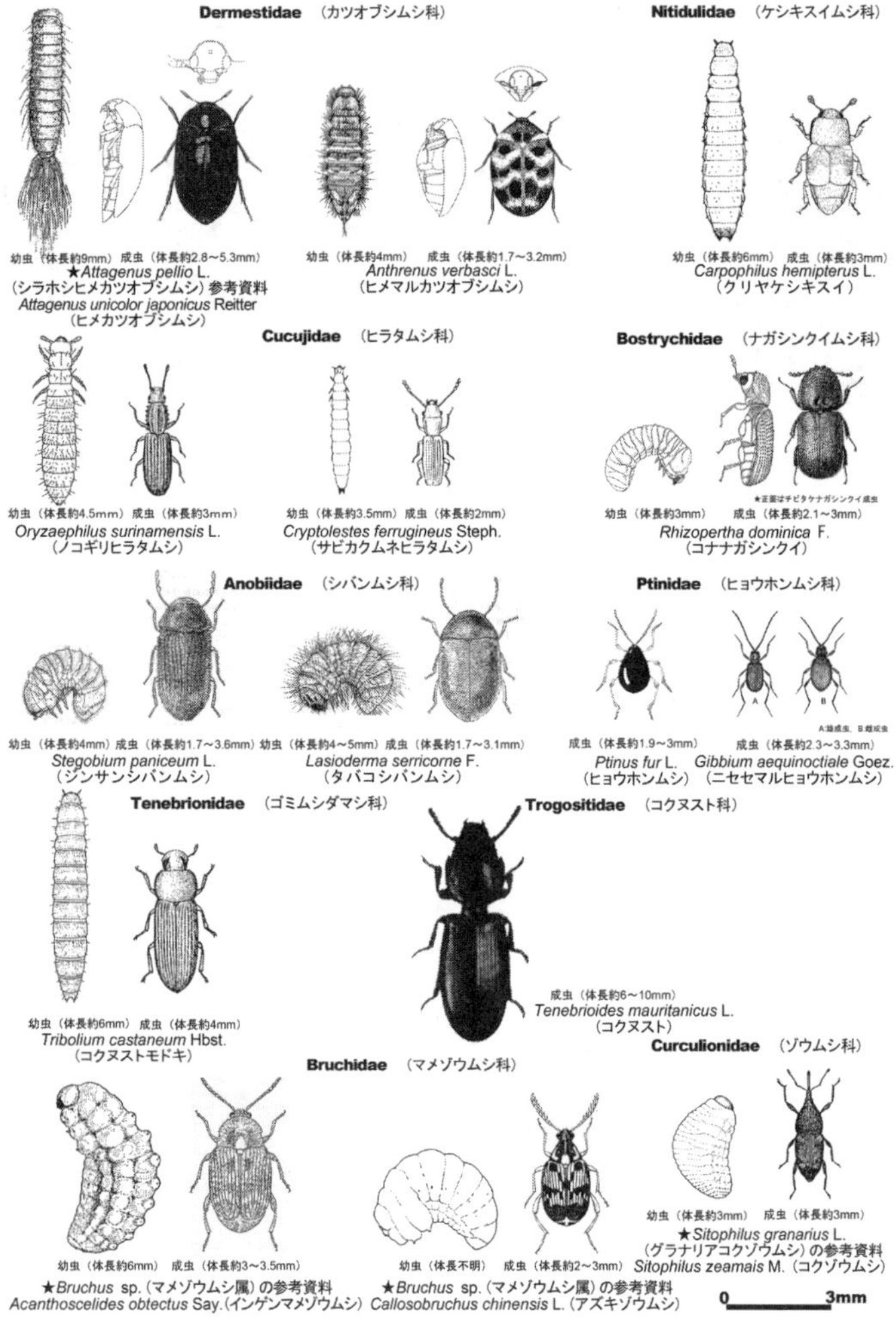

主な害虫の成虫と幼虫（日本家屋害虫学会 1995より作成）

で、地中海を通って西ヨーロッパへ農耕が拡散した証拠もしくはギリシャからロシア南部、ドナウ川に沿ってオオムギが伝播《でんぱ》した証拠と考えられている（Plarre 2010）。

これに対して、ココクゾウムシは、現代ヨーロッパでは穀物の積荷で運ばれた外来種となっており、ヨーロッパやアフリカでは先史時代もしくは古典古代の記録もない。よって、この種は東アジアに起源をもつものである可能性が高い。最古の考古学的記録は中国の紀元前１００年頃の馬王堆《まおうたい》漢墓のもので、英国での最初の記録はサザンプトンの15世紀のトイレ遺構のものである。

コクゾウムシはヨーロッパ・地中海・エジプトの考古資料中には発見されておらず、東アジアでは日本の縄文時代の例がもっとも古い。

b．マメゾウムシ科

本科の幼虫は主としてマメ科植物の種子を食害して成長する。野外で生育中のマメの莢《さや》にしか産卵しない種と、屋内の貯蔵マメに直接産卵する種がある（吉田ほか 1989）。ヨーロッパ、地中海地域で発見されるマメゾウムシ類のほとんどが畑の中のマメの種子を加害する野外型である。マメゾウムシでなく、加害されたマメそのものが報告されている。紀元前３５００年頃のマメゾウムシに加害されたエンドウマメがウクライナやイタリア北部のベルヴェルデの早期新石器時代遺跡から報告されている。また種レベルまでは同定されていないが、マメゾウムシの幼虫が、紀元前２０００年頃のトロイの遺跡から発見されている。成虫としては、英国では少なくとも鉄器時代にはソラマメゾウムシが存在している。*Bruchus rufipes* Hbst.（和名不明）がギリシャの後期青銅器時代遺跡アクロティリから発見されている。この *Bruchus rufipes* は中央ヨーロッパと地中海地域では普通のマメ畑の害虫である。いくつかの他の種が中部エジプトのコム・エル・ナナのビザンチン期の資料から得られている。英国でも *Bruchus atomarius* L.（和名不明）とクロマメゾウムシがテムズ川流域のラニミードの新石器時代遺跡から発見されている。これらは自然の昆虫相の一部もしくは作物用の種子とともに輸入されたものと考えられている。

このマメゾウムシ属は近東起源の害虫であり、紀元前５０００年には北ヨーロッパや西ヨーロッパにもその痕跡が認められ、紀元前３０００〜２０００年には広範な分布域を示している。17世紀にはノルウェーのスメレンブルグ島（北緯79度）まで達している。そのうちのエンドウゾウムシは現在の野外種であるが、日本へは明治年間に侵入したとされる。我が国に一般的なアズキゾウムシと同じセコブマメゾウムシ属のマメゾウムシは、エジプトのコム・エル・ナナのビザンチン期資料から発見されている。このコム・エル・ナナで発見されたセコブマメゾウムシ属はインド起源と思われ、４世紀にはここまで拡散していたことがわかる。

我が国の考古学的記録にはこのマメゾウムシ類はまったく出てこない。アズキゾウムシは屋内型のマメゾウムシであり、原産地がインドから中国南部であり、アズキが中国から伝わった3～8世紀頃日本へ侵入したと推定されている。アズキの起源は縄文時代にもあるが、その正確な起源地と侵入時期については不明である。

少なくとも、縄文時代に栽培が開始されたアズキやダイズに被害を及ぼす在来のマメゾウムシはいなかったことになる。この点、コクゾウムシとは対象的である。

C．ナガシンクイムシ科

基本的に食材性の科であるが、ごく特殊なものが貯蔵種子類を加害する（吉田ほか 1989）。

［コナナガシンクイ］

インド起源もしくはアフリカ起源とされる。エジプトのカフン遺跡（紀元前1900～1800年頃）の植物遺存体中から記録されている。このほか、ツタンカーメンの墓（紀元前1345年）の供献壺《つぼ》、ローマ時代のエジプトの石切り場であるアマルナのモンス・クラウディアヌスの作業員の村や、コム・エル・ナナのビザンチン修道院遺跡から発見されている。これ以外には、サントリーニ島の後期青銅器時代の遺跡（紀元前3500年頃）でも発見されており、クレタ島とエジプトの交易を通じてアフリカからもたらされたという説もある。我が国への侵入時期についてはよくわからない。

(2) 二次性害虫・周辺害虫

d. コクヌスト科

木材害虫などを捕食し、益虫となっているものも多いが、以下の種とホソチビコクヌストが穀類などを直接食害する(吉田ほか 1989)。

[コクヌスト]

穀粉の害虫であり、その起源は地中海と考えられているが、もっとも古い発見は英国のローマ時代(紀元1世紀)のヨークにある。

e. ヒラタムシ科

朽木、樹皮下などに生息《せいそく》しており、ほとんどの種が貯穀を加害しない。しかし、ヒラタムシ属とカクムネヒラタムシ属の数種は直接穀粉を食害する(吉田ほか 1989)。

【ヒラタムシ属】

ノコギリヒラタムシとオオメノコギリヒラタムシは世界中で知られている穀物と穀物製品の害虫である。ノコギリヒラタムシはとくにグラナリアコクゾウムシが加害した穀物を二次的に加害する。倉庫、製粉所、穀倉のある農家、ビール製造所の地下倉庫などでみられる。

成虫は肉食で、穀物の中の他の害虫の幼虫を食べるが、まれに自身の種の幼虫も食することがある。暖房のない貯蔵所で越冬可能であるが、18度以下では発育できず、22度以下では増殖できない。彼らの本来の基本的な食料は樹皮であるが、その世界的な分布は交易によるものと思われる。貯蔵食物害虫となる以前は鳥の巣が適応した生態系であった。

地中海でのもっとも古い例は、マケドニアのマンダロの後期新石器時代遺跡からのもので、エジプトのツタンカーメンの墓（紀元前1345年）、ギリシャのアクロティリの後期青銅器時代のものが知られている。ノコギリヒラタムシはローマ帝国の西側の領域に広く広がっているが、オオメノコギリヒラタムシの生体化石は記録されていない。この種が最近日本でも散見されるという。

ノコギリヒラタムシは、我が国では江戸時代から干菓子の害虫としてよく知られ、天保《てんぽう》年間の「虫譜《ちゆうふ》」（吉田雀巣庵《じやくそうあん》）やそれ以前の「千虫譜」にも本種が菓子につくという記述があるという。平城京など奈良時代の遺構から検出例があり、この時期が日本への侵入時期であれば、中国やシルクロードを通じて西アジアから輸入された菓子などに入ってきたのだろうか。しかし、西欧ではノコギリヒラタムシと常に出現するグラナリアコクゾウムシは日本をはじめとする東アジアでは未検出であり、どこでコクゾウムシと入れ替わったのだろうか。

【カクムネヒラタムシ属】

［サビカクムネヒラタムシ］

穀物、木の実、粉製品、乾燥果実、関連する食料品の二次加害者であり、元来、カビや有機廃棄物を食する昆虫であった。化石の記録は、英国のサセックス州の1世紀に属するフィッシュボーンの堆積物やヨークの1世紀と4世紀の堆積物、そして、ウスターシャー州のドロイトウイッチの4世紀の焼けた穀物の堆積から発見されている。また、ローマ時代のものとしてオランダのラウリウムとフランスのアミエンズがある。

［トルコカクムネヒラタムシ］

貯蔵食料品に加害する。製粉所からの記録がある。温暖な気候で増殖するため、この化石の最初の記録はエジプトのローマ時代の砦《とりで》であるモンス・クラウディアヌスにある。

昭和43～44（1968～1969）年の植物防疫所による全国の穀類貯蔵倉庫の調査でこの2種が分布していることが確認された。ただし、カクムネヒラタムシとともに比較的近年に定着した害虫と考えられている。起源地は不明。

f．カツオブシムシ科

本来、肉食性の科で、毛皮、羊毛、貯蔵動物質の害虫であるものが多い。このうち、ヒメアカカツオブシムシとその近縁種（マダラカツオブシムシ属）のいくつかは穀物のみで繁殖が可能であり、ヒメカツオブシムシ、ヒメマルカツオブシムシとその近縁種（ヒメカツオブシムシ属・ヒメマルカツオブシ属）は植物質も食するといわれている。このように穀物を直接食害するほか、貯穀害虫の遺体を食する（吉田ほか1989）。

［ヒメアカカツオブシムシ］

日本には未分布。アジア、ヨーロッパなどに分布。カツオブシムシ類の中でもっとも貯穀に適応しており、乾燥、高温や絶食に特に強い（吉田ほか1989）。その起源ははっきりしていないが、エジプトに多い貯穀害虫で、暑さと乾燥に適応しているため、インド起源ではないかと想定されている。コム・エル・ナナのビザンチン期の資料に存在する。

［ヒメマダラカツオブシムシ］

ヒメアカカツオブシムシと *Trogoderma versicolor* Creutz.（和名不明）が一緒にエジプトで知られてきた。ヒメアカカツオブシムシ属の甲虫はエジプト起源、もしくはローマ時代に紅海交易の結果としてもたらされたという説がある。ただし、インド起源という説もある。

マルカツオブシムシ属はアマルナの紀元前1350年頃の墓作りの作業員の村で発見されており、その中にはエジプト在来の害虫として知られる *Anthrenus coloratus* Reittr.（和名不明）が含まれている。*Attagenus unicolor* Brahm.（和名不明）はエジプトできわめて一般的な甲虫で、家の中や製粉所の床の上、倉庫、穀倉、乾燥した動物質の上では普通に発見される。アマルナの遺跡からは非常にたくさん発見されている。最近では *Attagenus astacurus* Peyer.（和名不明）が同遺跡で確認されている。

g．シバンムシ科

本来食材性で、枯れ木や樹皮を食するものがほとんどであるが、ジンサンシバンムシを初め4種が穀類を直接食害するか、その貯蔵庫で発見されている（吉田ほか1989）。

［ジンサンシバンムシ］

さまざまなデンプン質食料を加害する。しかし、他の食品、薬品、香辛料、たばこ、虫、植物コレクションなども加害する。耐寒性に優れ、英国ではハトの巣でたくさん発見される。英国の青銅器時代の記録がある。西古北極圏（北アフリカ～北欧）に広い自然の分布をもつ。エジプトでのもっとも古い記録は、カフン遺跡の資料にあり、その年代は紀元前1900～1800年頃である。ツタンカーメンの墓の供献品や、紀元前1400年頃のデル・エル・メディナのクハの墓から発見されている。

［タバコシバンムシ］

加害様式はジンサンシバンムシによく似る（吉田ほか1989）。タバコ、皮、乾燥野菜物質、トウガラシ、コリアンダー、ヒメウイキョウ、乾燥イチジク、イーストなどを加害する。その繁殖には少なくとも19度以上の温度、30％以上の湿度が必要である。温帯から熱帯起源と思われる。ツタンカーメン墓の容器の一つから発見されている。また、ラムセスⅡ世のミイラからもこの種が発見されている。しかし、アクロティリやアマルナの資料の青銅器時代後期にあることは、タバコシバンムシはその当時の害虫相の一部であり、その起源は新大陸ではなく近東である可能性を示している。

h. ヒョウホンムシ科

元来鳥の巣などを生息場所としていたものが多く、基本的に腐肉食性であるが、一部の種は種子類を直接食して生活することも可能である（吉田ほか 1989）。これらは飛翔《ひしょう》せず、交易によって偶然に移動させられた。

【マルヒョウホンムシ属】

ニセセマルヒョウホンムシは、好んで人糞《じんぷん》にトンネルを作り、姉妹種より若干高い温度（33度ほど）を好む。現代中部エジプトでは食料品を加害している。セマルヒョウホンムシは、家、ホテル、製粉所、穀物倉庫で記録されてきたが、穀物、パン、イースト、ケーキ、ワタ、種子などさまざまなものを加害する。今日のアマルナでは、ニセセマルヒョウホンムシが優勢であるが、ファラオ期のアマルナではセマルヒョウホンムシが数多く発見されている。また、同種は初期中王朝期の兄弟の墓のミイラやツタンカーメンの墓から発見されている。さらに、イラクのシャフリ・ソハタでおよそ紀元前２９００〜２４００年頃の堆積物の中から発見されている。マルヒョウホンムシ属はモンス・クラウディアヌスのローマ時代の砦からの報告がある。

［キンケヒョウホンムシ］

現在は熱帯には存在していないが、世界中に分布している。貯蔵所や家の害虫であるが、同時にミツバチ、スズメバチや鳥の巣でも見かける。本来は鳥の巣に棲《す》んでいたもので、幼虫はトウモロコシ、粗挽《あらび》き粉、オートムギや他のデンプン質の食料品、朽木などで育つ。他の虫の遺体片も食するが、成虫は繊維を好むようである。この種は飛翔できず、その拡散を人に依存している。前世紀の中頃から広範な拡散が始まったようで、4世紀のヨーク、中世のロンドン、15世紀のドイツのリネランドのネスで化石が記録されている。

Tipnus unicolor Pill.（和名不明）

飛翔できない甲虫で、元来の居住地は社会性昆虫（ハチやアリ）、哺乳《ほにゅう》動物、鳥などの巣であったようである。納屋や馬小屋の藁《わら》や麦藁のゴミの中、穀類片の中などでも発見される。野外では、鳥の巣や朽木から報告されているが、マーモットやネズミの穴、マルハナバチの巣などからの報告もある。考古学的なもっとも古い例は、ローマ時代の英国であり、そこでは人間とともに存在する局面が広がったものと思われる。南ヨークシャーのソーン・ムーアズにローマ時代を遡《さかのぼ》る可能性のある例があったが、ヒョウホンムシ属と訂正された。

i．ゴミムシダマシ科

［コクヌストモドキ］

野生種がインドで見つかっており、ここが起源地と目されている。寒い気候では生きていけない。まれに木の皮の下で発見されるが、熱帯以外では暖房された家の中に限られる。穀物の加工食品を加害する。

［ヒラタコクヌストモドキ］

本種の学名はコクヌストモドキと長年混同されてきたという事実に由来する。デンプン質食物を食する。*Tribolium castaneum*（和名不明）より寒さに強い。穀物倉庫、製粉所、倉庫などから発見される。

このほかに同属の害虫として、*T. madens* Charp.（和名不明）と *T. destructor* Uytt.（和名不明）がある。いずれも製粉所と農場の貯蔵穀物の害虫である。ヒラタコクヌストモドキと *T. destructor* はアフリカ起源とされるが、南アメリカ起源という説もある。

紀元前３０００年紀の中頃のエジプトの墓からコクヌストモドキ属が報告されているが、コクヌストモドキかヒラタコクヌストモドキであるかは不明である。紀元前１０００年頃の壺の中の供献品からヒラタコクヌストモドキが発見されている。コクヌストモドキはエジプトでそれより５００年古いものが記録されている。それ以外に、ギリシャのアクロティリ、エジプトのファラオ期のアマルナで検出されている。そこにはヒラタコクヌストモドキも存在する。
また、エジプトのモンス・クラウディアヌスのローマ人の駐屯地からの資料にも含まれている。英国のウスターシャー州のドロイトウイッチにある4世紀のローマ人の別荘から、ノコギリヒラタムシとサビカクムネヒラタムシとともにコクヌストモドキが発見されている。また、同国のヨークやチチェスターの後期ローマ時代の井戸からも検出されている。英国のトウチェスターの4世紀の井戸から発見されたヒラタコクヌストモドキとトルコカクムネヒラタムシは、植物大型化石の記録では外来の証拠が何も示されなかったが、地中海地域の食品の輸入を示唆する証拠と考えられている。コクヌストモドキ属の属レベルの同定は、エジプトでは第6王朝（紀元前2323～2150年頃）まで遡っている。

［ヒメコクヌストモドキ］

製粉工場・穀倉で湿気を含んだコムギやオオムギや穀粉からの発見が多い。グラナリアコクゾウムシが加害したカビのふいた穀粒を加害し、グラナリアコクゾウムシの糞の表面を食する。しかし、他の害虫を捕食することもある。エジプトのアマルナの作業員たちの村でブタの糞から発見されている。2世紀のフランスのアミエンズ、オランダのラウリウムの難破船、ヨーク、カルリスルの諸例は、この害虫が食料とともに、ロンドンなどからローマ人たちによってヨーロッパ中に運ばれたことを示している。

［コヒメコクヌストモドキ］

今日のエジプトの貯蔵穀物と穀粒破片の中から記録されている。その生息域はヒメコクヌストモドキと同じである。今ではほとんど世界中に広がっているが、現代の英国には定着していない。エジプトのアマルナのファラオ期、英国のウォーリックシャー州のアルセスターの2世紀のローマ時代のピットで記録されている。

［コゴメゴミムシダマシ］

高い温度が必要。店や船で輸入された穀類やその副産物とともに発見される。エジプトのような暖かい国では穀倉、製粉所、穀物貯蔵所などで発見されることがある。もっとも古い記録はアマルナのファラオ期からのものである。

【コメノゴミムシダマシ属】

エジプトのモンス・クラウディアヌスで発見されている。チャイロコメノゴミムシダマシとコメノゴミムシダマシが今日のエジプトで知られているが、前者はトルコのトロイで青銅器時代に現れている。しかし、英国のすべての化石記録は後者であり、地中海から最近広がったことを示している。

j．ケシキスイムシ科

当科は成虫・幼虫ともに傷果で吸汁したり、腐敗植物を食するものが多い。このうち主としてデオキスイ属の数種が、穀類など、とくに吸湿粉を加害する（吉田ほか 1989）。キボシヒラタケシキスイ属とフチケケシキスイ属は菌類、死肉、古い骨や皮と関係があり、そのためしばしば害虫となる。キボシヒラタケシキスイは英国の新石器時代遺跡、サリー州のラニミードを含むいくつかの遺跡で記録されており、*Nitidula bipunctata* L.（和名不明）がウィルトシャー州のウィルスフォードの青銅器時代の井戸から発見されている。これらはすべてヨーロッパ起源と思われる。

k．カッコウムシ科

大部分の種が捕食または腐肉食性として知られ、益虫となっているものが多いが、ホシカムシ属のものは、貯蔵動植物の害虫となっている（吉田ほか1989）。

アカアシホシカムシはエジプトのミイラの体内から数多くの発見があるが、ルリホシカムシはエジプトからは発見されていない。10世紀まで英国には出現しておらず、旧大陸起源と考えられている。

l．ホソカタムシ科

食菌性または捕食性。朽木などに生息する種を多く含む科であり、輸入木材の樹皮下や、穀類などに混入して発見されることがある（吉田ほか1989）。

[*Aglenus brunneus* Gyll.（和名不明）]

飛ばない盲目の虫で、森の落葉層の下に本来の生息地がある。現在では世界的な広がりをもつ。地下貯蔵室、馬小屋、皮なめし用の穴、暖房室の肥料の下、カビのふいた麦藁の下、古い骨の間、干し草の中、ウシ小屋、トウモロコシ製粉所のゴミの中で記録されており、キノコなども食害する。また、非常に古い穀物の屑《くず》から発見されたこともあり、現在ではその分布は人間に完全に依存しているようである。

エジプトでは、モンス・クラウディアヌスのローマ時代の石切場の砦から発見されている。英国のサマーセット州のスイート・トラックの新石器時代の堆積物からの発見物は、元来の生息域である森の木片や葉の堆積物に由来するものと考えられる。これに対し、鉄器時代のオックスフォードシャー州のファルモール、ローマ時代のヨークとその後の時代の諸遺跡からの発見物は人間が関与したものであり、モンス・クラウディアヌスでの発見は、最終的に貯蔵食品によってヨーロッパから移入されたことを反映している。

以上をみてみると、貯蔵食物害虫の種類や起源については、ヨーロッパ・地中海・エジプトの地域ではきわめて情報が多いことがわかる。害虫の起源地に関しては不確かな部分が多いが、その中には今日我が国でみられる害虫そのものやその近似種が数多く認められ、我が国への侵入が20世紀中頃に入ってからのものも多かった。

旧石器時代には環境改変の徴候は昆虫からは認められないが、新石器時代の後半には環境が人為的に改変されたこと、そして害虫に関しては、新石器時代の農耕の拡散やローマ軍の侵攻とローマ帝国の領土拡大に伴う貯穀害虫の拡散現象が認められた。また都市が害虫を惹《ひ》きつけ、蓄積（繁殖）され、そしてまた物資や人の移動によって拡散されていた。ハエ類や外部寄生虫にとっては、遠く極北の地に築かれた植民地もその例外ではなかった。

もう一つ興味深いのは、船の荷に紛れ込んで運ばれた貯蔵食物害虫が検出されている点である。スウェーデンのオスカーシュハムンで発見された13世紀の難破船からの昆虫相の中には *Ptinus fur*（ヒョウホンムシ属の一種）に加え、グラナリアコクゾウムシが含まれていた。さらに、時期は新しくなるが、東インド会社のスウェーデン船・ゴーセンブルグ号は1745年に中国からの荷を積んでゴーセンブルグ港を行き来していた。港の浚渫《しゅんせつ》によって発見されたこの船の積み荷の中の昆虫相は、コクヌスト、サビカクムネヒラタムシ、コナナガシンクイ、ガイマイゴミムシダマシなど、すべて今日貯蔵穀物を加害することで知られる害虫ばかりであった。この事実は、海路による遠路の貿易品運搬が害虫の世界的蔓延《まんえん》の引き金になったこと、これらが今日的な世界的拡散の前兆《ぜんちょう》であったことを意味している。当時は植物検疫もなかった時代である。害虫はいとも簡単に入国審査をスルーして不法入国し、自らの領域を拡大していったようである。

2　諸外国における食料貯蔵と防虫法

食料貯蔵には害虫被害がつきものである。現代的な貯蔵技術が導入されていない地域では、生産される穀物やマメ類の10～40％は害虫によって被害を受けているという（Shaaya et al. 1997）。現在の穀物生産を15億トンと見積もると、1億5000万～6億トンの穀物食料を毎年失っていることになる。アメリカだけで1年間の貯蔵穀物の損害は約5億ドルに達するという（Kislev 1991）。また、貿易を通じた食料の世界的拡散とともに、害虫被害も広がっている。食料害虫駆除は人類にとっては死活問題であり、これに関するさまざまな研究や方法が開発されている。先にみたように、ヨーロッパや地中海、エジプトなどの昆虫考古学では、貯穀害虫に関する研究の十分な蓄積があった。これに対し我が国の考古学界ではドングリの水浸け虫殺しに関する議論はあるものの、貯蔵中の害虫被害とその対策に関してはほとんど関心が払われていない。

ところが、後章でも説明するように、土器圧痕調査の進展に伴い、縄文時代の遺跡から多数発見され始めたコクゾウムシは今も増加中であり、縄文時代の家に貯蔵されたドングリやクリを加害していた。これ以外にもⅡ章でみたように、縄文時代の家にはさまざまな家屋害虫が棲んでいた。

このような害虫たちによる被害に対しては、縄文人たちもただ手をこまねいていたとは考えられず、さまざまな害虫の防除・駆除法が存在していた可能性がある。その可能性のあるものとして土器圧痕で多数出土するカラスザンショウ果実を想定した（真邉・小畑2017）。これ以外にもさまざまな物質が利用された可能性はある。ただし眼前の考古資料は限定的であり、それらの素材や利用技術に関する私たちの知識はあまりにも乏しい。

では先史・古代の主要な食料の一つである穀物の害虫被害を防ぐための貯蔵法はいかなるものがあったのであろうか。世界各地の事例を以下に紹介する（Panagiotakopulu et al.1995, Panagiotakopulu 2000）。

穀物貯蔵に大敵なのは、カビや菌類による腐敗・発酵、そして害虫や小動物による加害であろう。いずれにせよ、貯蔵前の十分な乾燥がそれらの防止にもっとも効果的である。ただし良好な状態を長く保つためには、通気性のある空間での貯蔵とその逆の密閉された空間での貯蔵の二者がある。また、後者は穴倉と容器や箱などに分けられる。

通気性のある貯蔵部屋による貯蔵法は、外気を用いて過熱やカビの発生を防ぐ方法であり、通気性と換気が重要である。高床式で通気性のある貯蔵部屋は地中海地域では少なくともへレニズム期以降に典型的なものである。高床は、げっ歯類、虫、他の害虫の侵入と湿気防止の効果をもつ。

げっ歯類対策としては、弥生時代の高床式倉庫と同じく、柱の周囲に木製もしくは石製のネズミ返しが設置された。インドのビハールでは典型的な通気性のある穀倉「bakhari」が発見されている。湿気を避けるため床は地面から上げてあり、その壁は「ikri」と呼ばれるサトウキビ属の一種 *Saccharum fuscum* の茎で作られ、粘土で塗り固められる。そして穀物は圧縮された「bhusa」（コムギの茎や籾《もみ》）の中に貯蔵され、害虫の侵入を食い止めた。

通気とは正反対に、気密性を高めるために地下穴の中の酸素を遮断する方法がある。これは穀物の損傷を防ぎ、穀物の呼吸によって発生する二酸化炭素で害虫を殺す効用をもつ。この方法はもっとも古い貯蔵法でもあり、世界中に普遍的なものである。穴倉貯蔵は中世後期（17世紀）にシシリー島やマルタ島で大規模に行われた。現在でも西サハラや北西スーダンのベルベル人の間で使用されており、アフリカではもっとも一般的な貯蔵技術の一つとされる。最近までキプロスや東地中海で行われ、アルゼンチンでは輸出用の穀物のための大規模貯蔵が穴倉で行われた。

この場合、穴の壁は粘土で覆われ、害虫を根絶させるために内部を燻《いぶ》すことも行われた。北アフリカ沿岸のカナリア諸島では地下格納庫が火山岩の中に作られているが、この方法の欠点は、穀物が湿気を吸うことと幾分発酵することである。よって、穴倉貯蔵は、半乾燥地域もしくは水はけのよい土壌をもつ地域のみ有効な貯蔵法といえる。そうでなければ、壁に近い穀物は黒くなり、発酵臭を発するようになって、人の消費に適さなくなる。このため穴倉で貯蔵された穀物は高床式倉庫で保存されたものより安かったという。

容器内での貯蔵は密閉貯蔵の一つである。この場合、通気性のある建物内に置いて低い温度を維持する必要がある。土製の瓶、編物容器、編物、粘土容器、袋、木の幹の穴などさまざまな容器が使用された。

重要なことは、密閉型貯蔵穴のように、密閉性を保つために、粘土や牛の糞もしくは別の適当な物質で容器の壁や口を塞《ふさ》ぐことである。ムギ類の茎や葉っぱの層なども同じ目的で使用された。陶器は多孔質であるので、松脂《まつやに》、ピッチ、石灰、もしくは他の接着剤のような物質でコーティングされた。同様な例はエーゲ海とキプロスの民族でも報告されている。

3 害虫の防駆除の状況を示す考古資料

貯蔵物とそれらの害虫による被害の状況を示す考古学的な資料はきわめて少なく、火山噴火などの一時的な災害によって瞬時に埋没した場合を除けば、両者の関係を有機的に捉えることは難しい。ただし、わずかであるが、そのような事例が報告されている。

エーゲ海のサントリーニ島のアクロティリの後期青銅器時代の居住地は、紀元前2000年紀頃の噴火によって滅んだ。多量の火山灰が降下したため、貯蔵容器中の貯蔵食物とともにそれを加害していた害虫たちも一緒に炭化した。「西の家」と呼ばれる建物址からは、土製容器に石や干し粘土で蓋《ふた》をして密閉したものが発見されている。

この貯蔵法には呼吸する種子によって害虫が窒息死するほど二酸化炭素の発生が重要であるが、粘土壺は通気性のある器壁をもつことから、蓋のみでは害虫を殺すには不十分であったと思われる。そのため壺内部にオリーブオイルを塗って密閉したり、オイルの貯蔵や運搬に用いられた壺を穀物やマメの貯蔵に転用したりしたようである。

壺の中には主にオトメレンリソウやオオムギ属の穀粒が保存されていた。それらとともに、穀物害虫を含む多種の害虫が発見され、その中には目の見えない飛べない甲虫 *Troglorhynchus* cf. *anophthalmus* Schm.（和名不明）も含まれていた。この種は湿潤な環境を好むため、この虫を含むマメ類はオリーブオイルや酢の中で保存されていたものと推定される。また、魚の塩漬けに使った容器が貯蔵に効果的であり、「西の家」からはマメとオオムギとともに魚の鱗《うろこ》が発見されている。天然の植物性防虫剤として、ゲッケイジュや *Thymelaea* cf. *hirsuta*（和名不明）の葉が用いられている。コリアンダーの種子もマメの中に入っていた。

また、南イングランドのチチェスターのローマ時代の堆積物中からは、地中海とポルトガル原産のイタリアアカサマツがコムギ穀粒に混じっていた。

鉱物質の防虫剤の例としては、ツタンカーメンとアヘナトンの墓作り職人の村であるテル・エル・アマルナで石臼《いしうす》の下石の周りから発見された灰がある。これは小麦粉を害虫から守るための防虫剤と考えられ、ミラーR．が東アフリカでも同様な事例を記録している。

4　文献に残る防虫・殺虫剤

1862年に発見されたエドウィン・スミスのパピルス（エバースのパピルス）は、エジプト第18王朝時代に書かれたものである。およそ紀元前1600年の医学的価値をもつ、魔法の処方が含まれている。その中には、害虫制御に関する興味深いデータが含まれている。これが殺虫剤について最初に言及されたものであるという。

パピルスによると、エジプトの人々は家の中や貯蔵室の害虫を知っており、それらに対して処置を行っている。炭酸ナトリウム溶液を散布したり、植物土壌と木炭を混ぜて家の壁に塗ったり、虫の棲む穴に炭酸ナトリウム溶液もしくはニンニクを使ったりした。ハエに対しては、グヌゥ（gnw）鳥の油が推奨された。ブヨには新鮮なバラニテス（ドングリ?）油を、ネズミを遠ざけるためにネコの脂などが用いられた。また、ガゼルの糞の灰は家畜小屋を消毒するのに用いられ、水と混ぜて床や壁に塗布された。

このほかパピルスには芳香性植物による家や衣服の抗菌についての記述がある。乾燥ミルラ（没薬《もつやく》）、ピンゴン（松の実）、乳香、ヨーロッパカヤツリグサ、シナモンの木、フェニキアのアシの茎、エゴノキ属の液体（*Liquidambar orientalis* の木からとった芳香性樹脂）などが用いられた。スパイスを含む芳香性植物はエジプトでは広く使用された。コロシント、コリアンダー、クミン、ヒメウイキョウ、ガリンガレ、イチジク、ニンニク、ザクロなどに加え、ビーバー油、蜂蜜《はちみつ》、松脂などは医療目的にも使用された。

ギリシャの青銅器時代の文字（線文字Ｂ）には、コリアンダー、赤サフラワー、白サフラワー、クミン、フェンネル、ミント、セサミ、カヤツリグサ、ショウズク、セロリ、ジンジャーグラス、キャラウェイなどの芳香成分のある植物の名前が登場しており、考古学的な証拠はそれらのいくつかは殺虫剤として使用されたことを示しているが、その具体的な効用や使用法などについての情報はない。

古代ギリシャ・ローマでは、加害された穀物を太陽の下で乾燥させたり、強い匂いを放つ植物物質と混ぜたりすることは一般的な害虫駆除の方法の一つであった。シルフィウム属（キク科）、コリアンダー（セリ科）、マージョラム（シソ科）は香辛料や芳香剤として使用されるばかりでなく、殺虫剤としても使用された。また、ギリシャでは、ヒメウイキョウ（セリの仲間）やマージョラムなどがコムギに混ぜられ、グラナリアコクゾウムシの殺虫に使用されている。

これ以外に、硫黄が抗菌剤としてギリシャやエジプトで使用されたことが知られている。また、土や粘土も穀物と一緒に混ぜられた。これは、鉱物や水晶が甲虫の固いクチクラ層を傷つけ、脱水症状をもたらし、死に至らしめるという効果があるためである。石膏《せっこう》がとくにこのような用途で用いられてきた。果物の砂中への保存も良い方法とされる。また、乾燥したモミ殻が穀物貯蔵の容器の底に敷かれたり、貯蔵物と混ぜられたり、それを覆うものとして用いられたりした。羊毛の上にリンゴを置くことはよい保存法の一つであった。もっとも人気のある殺虫剤がオリーブオイルであったらしい。レンズマメは油で表面を拭いて乾燥した後保存され、オリーブ用の壺は穀物とマメ類の保存に用いられた。また、酢はレンズマメや肉の保存に使用された。ブドウ酒に浸《つ》けることはエンドウマメ、ブドウ、チーズの保存の一般的な方法であった。バラの香りや蜂蜜も殺虫効果があると考えられていた。

以上のように、穀物やマメ類の貯蔵には、穴倉以外に高床倉庫や容器なども用いられており、その土地特有の気候や貯蔵物に合わせてさまざまな方法が採用された。その際、強い芳香性をもつ草本類や木本類の葉や種実などとともに、動物の糞、油、塩、鉱物性物質など、自然界の多様な物質が防虫・殺虫剤として使用されていた。穴倉（貯蔵穴）は気密性を保つため内壁をコーティングしたり、蓋や藁や牛の糞で密閉したという点は、縄文時代の貯蔵穴の構造を考える上できわめて示唆的である。さらに灰や鉱物、砂、粘土などで貯蔵物を包む行為は砂栗を想起させて興味深い。

5　コクゾウムシが教える堅果類の貯蔵法

長野県の縄文時代中期の目切遺跡から2点のコクゾウムシ圧痕が検出されている（会田ほか2015）。貯蔵穴の分布（坂口2003）に照らし合わせてみると、この目切遺跡の所在する中部高地や西関東は北海道南部から東北地方にかけて主に分布する台地型貯蔵穴（フラスコ・袋状土坑）の南西端にあたり、その分布が希薄になる地域に相当する。この地域のさらに西側は西日本を中心に分布する低地型貯蔵穴の主たる分布圏にあたり、中部高地でも台地型貯蔵穴は数遺跡で検出例があるものの、東北地方の濃密な分布域からみればきわめて少数である。

西日本においてコクゾウムシはこの低湿地型貯蔵穴とはまったく無縁であり、これは屋内でのコナラ属やシイ属種実の乾燥貯蔵を意味する。台地型貯蔵穴中に保存されたクリなどでコクゾウムシが繁殖し得たかは検証できないが、圧痕として土器製作時に混入している点を考えると、土器の製作場は屋内や小屋などの屋根付きの空間の可能性が高く、コクゾウムシ圧痕の存在は、屋内でのクリなどの堅果類の乾燥貯蔵を意味するものと考えられる。

この視点に立って、長野県の縄文時代中期を中心とした遺跡におけるクリの出土状況を再検討してみると、住居内貯蔵、屋内でも上位、屋根から吊《つ》り下げられた棚などに保存されていたと想定される例が多い（中沢2012）。長野県花上寺遺跡では火災にあった住居址《し》（縄文時代中期中葉～後葉）の覆土から4000点余りもの皮むき状態のクリが検出され、カチグリに似た状況を示していたという。同上向《うわむかい》遺跡の住居址（縄文時代中期中葉）からはクリを中心とした炭化物が多量に出土し、さらに同藤内《とうない》遺跡の住居址（縄文時代中期中葉）でも炭化したクリが約20ℓあまり集中して発見されている。また、同平出《ひらで》遺跡では住居址（縄文時代中期初頭）内の土器からも炭化したクリが検出されている。

これらのクリの出土状況はこの地域でもクリの屋内貯蔵があったことを強く示唆している。なお、この長野県および山梨県の中部高地一帯の縄文時代中期の炭化種実でクルミに次いで多く出土するのがクリである。果皮の残りやすさがクルミに比べて劣るため、本来クリはクルミよりも多く利用されていた可能性がある（小畑2016）。この地域では三内丸山遺跡のようにクリ花粉の分析からは立証されていないが、炭化物の出土状況からみて、クリが多量に栽培され、主に屋内で貯蔵されていた形跡が認められるのである。

今村啓爾氏はこの地域の縄文時代中期のメジャーフード（栽培植物）としてヤマノイモを想定した（今村1989・Imamura 1996）。その根拠は堅果類を貯蔵した貯蔵穴が群集する地域（東北日本）と打製石斧《せきふ》を大量使用する地域（中部高地・西関東）がそれぞれ分布域を異にするという点である。さらには、その両者は空間分布を違えるばかりでなく、時期的に

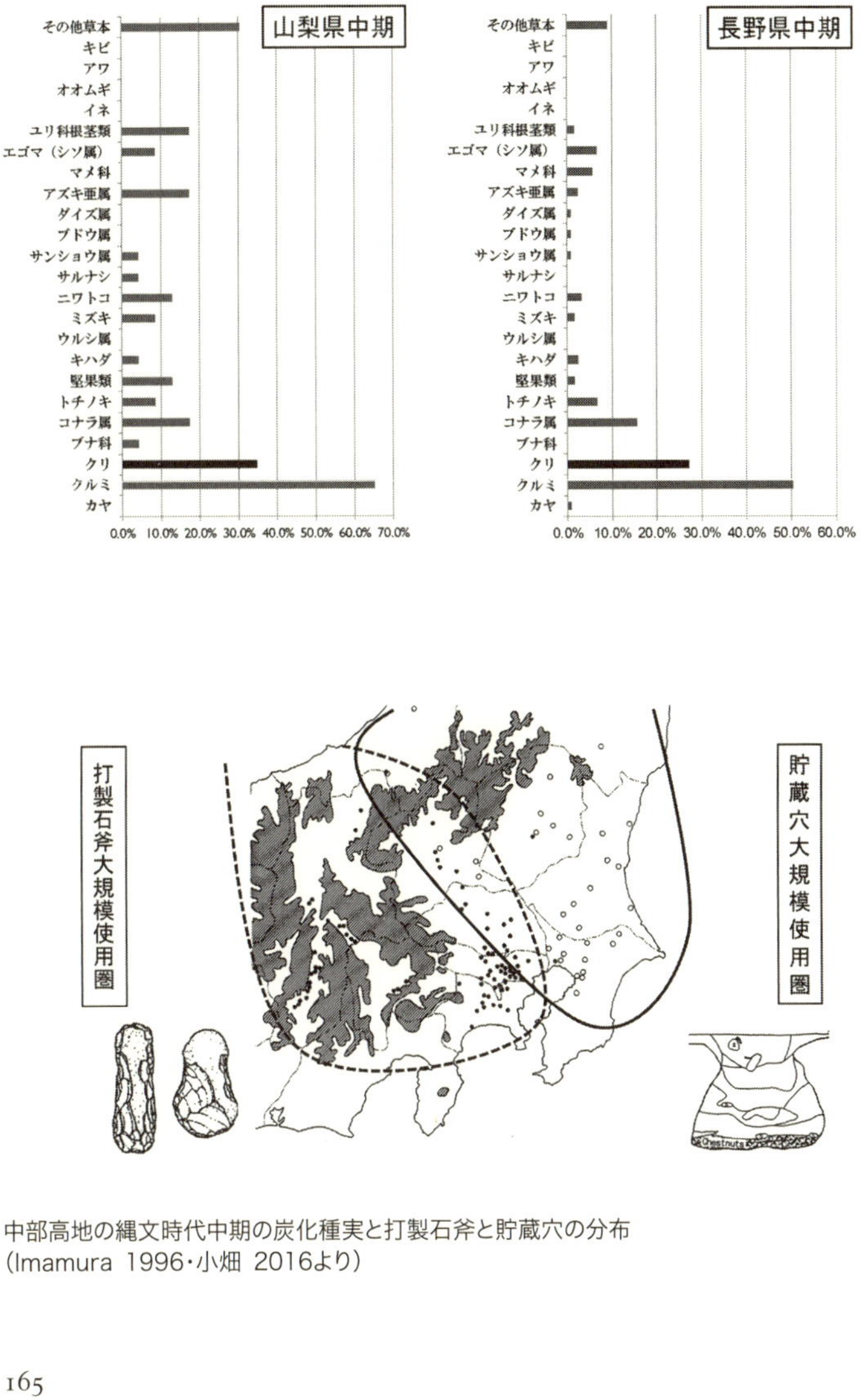

中部高地の縄文時代中期の炭化種実と打製石斧と貯蔵穴の分布
（Imamura 1996・小畑 2016より）

も背反の関係にあることを強調する。そして打製石斧の多量使用は地下根茎類のうちヤマノイモに特化したものであるとした。

この説は、両地域における生業とメジャーフードの違いの原因を「打製石斧」と「貯蔵穴」という、質の異なるモノ同士を根拠とした点に問題があった。道具と貯蔵法は別物であり、貯蔵穴は他の貯蔵法の証拠と比較されねばならなかった。ただし、これまでそのような証拠は未発見であり、拠《よ》り所とする比較対象がなかったため、致し方ないことではあった。

中部高地や西関東においても縄文時代前期末や中期初、後期初には貯蔵穴の実質的使用はあるが、この時期には打製石斧も少なく、さほど繁栄する時期ではないという。それとは対照的に、定住的な生活と打製石斧の大量使用で特徴づけられる中期中〜後半は貯蔵穴がごくわずかであるか、その前後の時期に比較して住居址あたりの貯蔵穴の数が少ないという。よって今村はこの時期のメジャーフードは堅果類（クリ）ではないと考えたのである。

しかし、目切遺跡での圧痕コクゾウムシ（縄文時代中期後葉）の発見により、間接的ではあるが屋内での乾燥貯蔵という貯蔵法の存在を想定することが可能になった。この視点から実際のクリの出土状況を検討してみると、先にみたように住居内での屋内貯蔵の証拠を数多く確認することができる。土器に残るコクゾウムシ、住居内から多数検出されるクリ果実、この両者は縄文時代の中期中～後半段階の中部高地および西関東が、クリを貯蔵穴ではなく、主に屋内で貯蔵していた地域・時期であったことを意味している。打製石斧はむしろマメ栽培との関連で議論した方がよさそうである。

6　縄文時代に殺虫剤はあったのか――カラスザンショウ果実圧痕の語るもの

大分県中津市法垣《ほうがき》遺跡は縄文時代後期中葉（約３６００年前）を中心とした集落遺跡である。この遺跡の竪穴《たてあな》住居や掘立柱《ほったてばしら》建物の埋土を洗浄したところ、多数の炭化したカラスザンショウ果実を検出することができた。それとともに驚いたのは、なんとコクゾウムシの生体化石2点も土壌中から発見されたことである（小畑 2018）。

しかし、最終的にはこのコクゾウムシは古代以降の紛れ込みであろうと結論づけた。それは、この生体化石があまりにも新鮮なこと、これら住居址や柱穴の土壌からは、少数ではあるが、炭化したイネやオオムギ・コムギが発見され、年代測定によって古代と中世の年代値を示したからである。

しかし、カラスザンショウが気になった私は、共同研究者の真邉彩さんと全国のサンショウ属果実の出土状況を調べ、これらが非常に高い確率で西日本や九州の遺跡から発見されることを突き止めた。この自信の背景には、カラスザンショウが九州地域を中心とし

土器片A

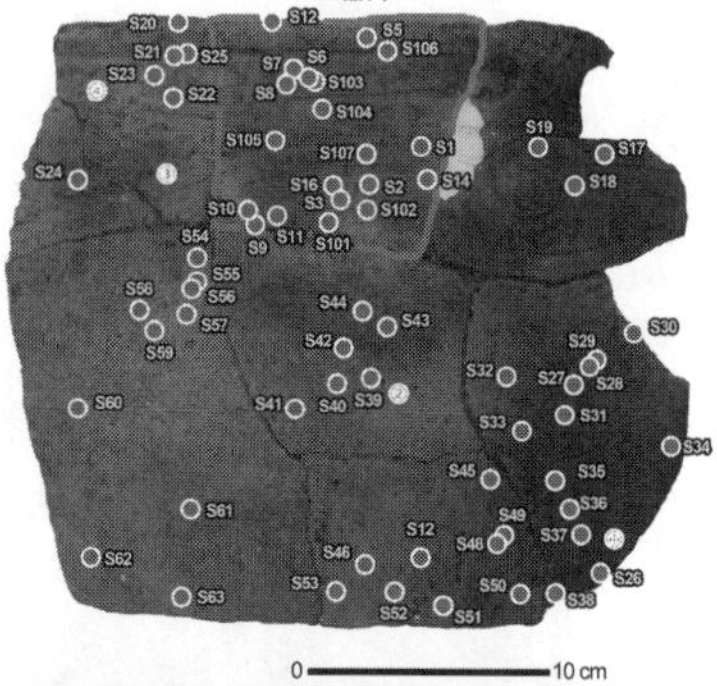

〈土器片AのX線CT3D画像〉

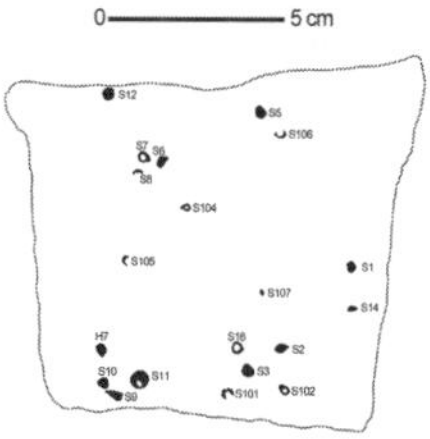

〈同圧痕のシルエット画像〉

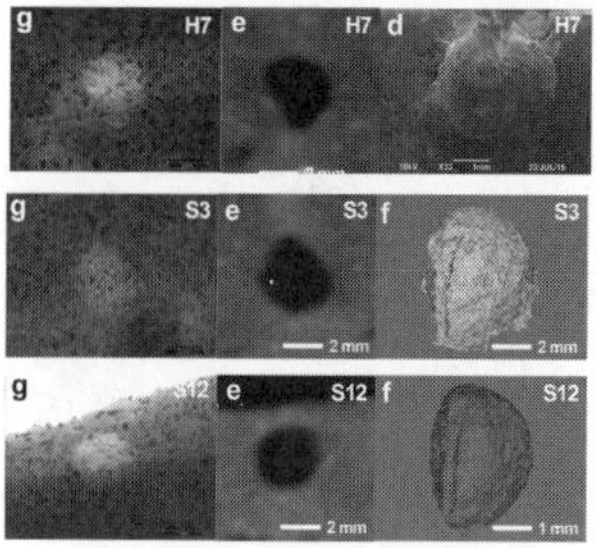

d：レプリカＳＥＭ画像
g：軟Ｘ線画像
e：ＸＴ線ＣＴ断層画像
f：Ｘ線ＣＴによる３Ｄ画像

（試料43） 2

（試料43） 3

（試料43）

1～3は炭化したカラスザンショウ果実

大分県法垣遺跡で発見されたカラスザンショウ果実が多数入った縄文土器と炭化カラスザンショウ果実（小畑 2018より作成）

て土器圧痕として多数発見されるからであった。土器圧痕で検出される種は、植物であれ昆虫であれ人の身近なものが主体を占めるという視点からみると、このカラスザンショウは縄文人たちによって利用されたものであったことは確実であった。

しかし、調べてみると、カラスザンショウの利用例は現代ではほとんどなく、東南アジアの民族例で樹皮や果実が魚毒として利用される例が唯一であった。そこで、和歌山県工業技術センターに依頼して、サンショウ、イヌザンショウ、カラスザンショウの果実の成分を調べていただいた。そこで出てきたのが1，8シネオールという精油成分に含まれるテルペン類であり、これがカラスザンショウに多量に含まれているという事実であった。そして、ネット上で文献を渉猟するうちに、この成分が貯穀害虫に効果的であるという事実を突き止めた。もちろんサンショウに含まれる精油成分にはシトロネロール、ゲラニオール、シトラール、サンショールなどのテルペン類が含まれ、これらがコクゾウムシに対し強い発生抑制効果をもたらすといわれ、駆虫剤としても効果的である。しかし最近、メボウキ属、ユーカリ属、ラベンダー属、ハッカ属、ローズマリー属の精油からこの1，8シネオールが発見され、コクゾウムシに対して強い殺虫活性化を示すことがさまざまな実験によって明らかにされている。

我々は、これらの事実から、1，8シネオールを多量に含むカラスザンショウ果実が、コクゾウムシなどの貯蔵食物害虫の防虫剤として使用されたのではと推定した（真邉・小

サンショウ属果実と精油成分の分析結果（真邉・小畑　2017より）

【カラスザンショウ】

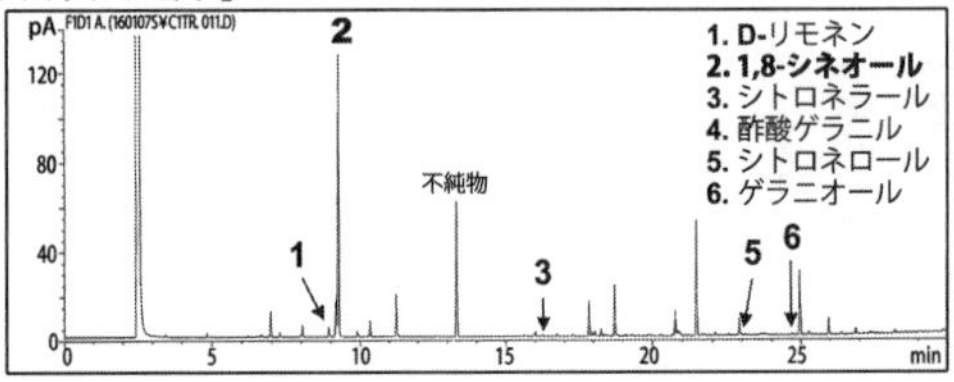

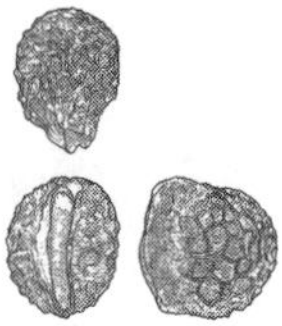

【イヌザンショウ】

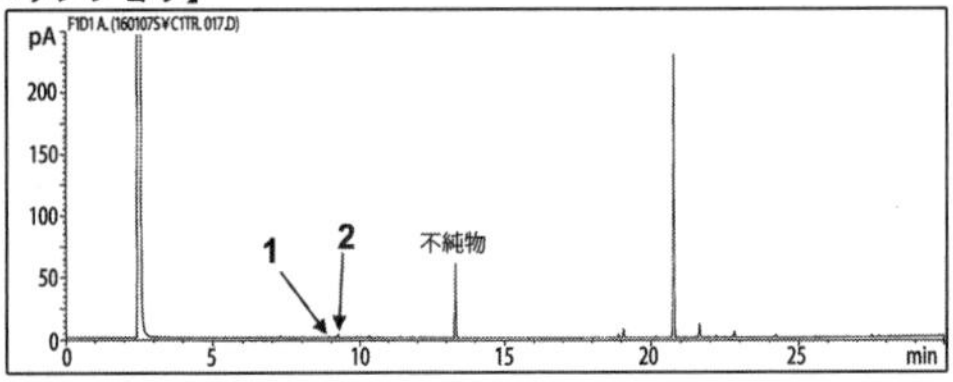

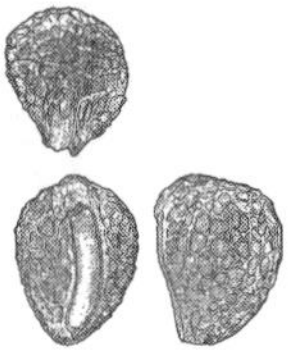

【サンショウ】

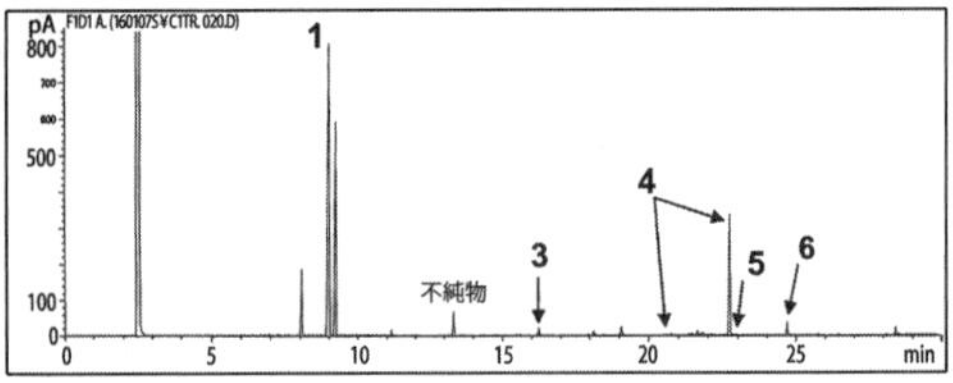

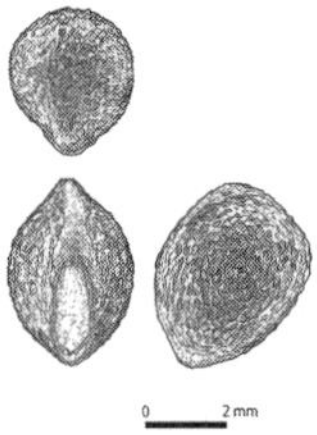

検体名	乾燥減量(%)	定量結果(%)					
		D-リモネン	1,8シネオール	シトロネラール	シトロネロール	ゲラニオール	酢酸ゲラニル
カラスザンショウ	5.9	0.007	0.234	0.001	0.002	0.001	0.001未満
イヌザンショウ	4.9	0.001	0.006	0.001未満	0.001未満	0.001未満	0.001未満
サンショウ	15.1	2.19	0.001未満	0.060	0.005	0.073	0.886

※定量結果は、乾燥物に換算した値

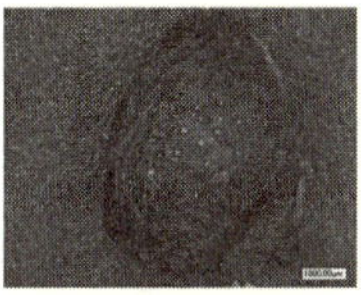

Zanthoxylum piperitum
サンショウ

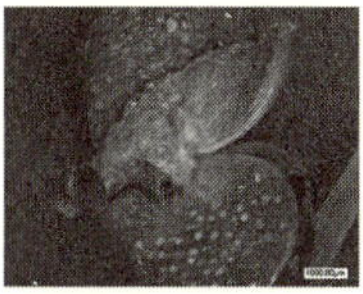

Zanthoxylum schinifolium
イヌザンショウ

Zanthoxylum ailanthoides
カラスザンショウ

畑2017)。もちろん、これ以外にも貯穀害虫にはヨモギ属やシソ属などの草本類も有効であるという。しかし、このような草本自体は利用されていたとしても、考古学的な証拠としては発見が困難であり、堅牢《けんろう》な種子(核)をもつ植物、しかも土器圧痕として残るという点が、この発想を可能にしたのである。よって、縄文人たちは多様な植物を薬用や防虫剤として利用していたことは確実である。

その一つとしてキハダがある。キハダの果実は未炭化種子としても数多く発見され、カラスザンショウほどではないが、圧痕としての検出例もある。これは薬用または芳香剤としての利用が想定されている(辻ほか2006)。このほかに気になる植物にミズキがある(佐々木ほか2018)。東日本の縄文時代の土器圧痕に多数現れたり、茨城県上境旭台《かみさかいあさひだい》貝塚では土器内面に付着したミズキ果実の炭化物が発見されたりしている。その出土状況はこれらが人為的に利用されたことを強く示しているが、その用途はまだ判明していない。

7　埋葬遺体・生きた体の防虫剤

エジプトのミイラにはカツオブシムシをはじめとする数多くの肉食性害虫が湧いていた。同じように古来よりハエや甲虫が遺体を喰い物にしていた。イザナギが体中にウジの湧いたイザナミを見て逃げ出したように、このような姿はあまり見栄えのよいものではない。ただし、ハエが人の精霊と考えられていたモチェ文化のように、ムシが本質的に嫌われていたという意味ではない。よって、遺体の毀損《きそん》の防止や腐敗過程の防臭の意味も込めて、埋葬遺体には何等かの防虫・駆虫行為がなされたと思われる。

エジプトのミイラの場合、ミイラを包帯で巻いて気密性の高い石棺に入れ、石の墓に深く埋葬したにもかかわらず、遺体（乾燥肉）を好むハラジロカツオブシムシやルリホシカムシなどのようなカツオブシムシ科の甲虫に加害されている。これは強大なファラオさえ例外でなく、ラムセスⅡ世のミイラはマサカカツオブシムシの成虫と幼虫に加害されていた。

もちろんお墓に供えられた食料、とくに穀物などにもグラナリアコクゾウムシやコナナガシンクイなどの貯穀害虫が付いていた。直接的な証拠はないが、ツタンカーメンの墓から発見されたコリアンダー、ブラッククミン、フェネグリークなどはおそらく防虫のため遺体とともに墓に入れられたと推定されている。

真邉彩さんから教えてもらったことであるが、鹿児島県鹿屋市にある立小野《たちおの》堀《ぼり》地下式横穴墓群の羨道《せんどう》や墓室内からは、炭化したクスノキが発見されたという。彼女はこれを防虫のためではないかと考えた。調べてみると、２００基あまりの墓のうち、30基あまりの墓から炭化クスノキもしくはクスノキ科に同定される木材が出ていた。クスノキといえば精油成分から得られる樟脳《しょうのう》が有名である。この樟脳はカンファーとよばれるテルペン類であり、カンフル剤の語源でもある。西暦６００年頃にはアラビアでは貴重薬として盛んに使用され、次いでギリシャ、エジプトでも人や物を清める霊薬として神殿での祭礼に用いられた。紀元後にはヨーロッパでも病気をもたらす悪霊を祓《はら》うものと信じられていた（矢野憲・矢野高 2010）。その独特の臭いが好まれ、悪臭を消す効果があり、結果的に防虫効果も期待されたであろう。葉っぱや茎や幹にもその成分は含まれることから、燃やすことでお香のような効果を狙ったのかもしれない。

最近の研究によると、この樟脳のカンファーがコクゾウムシやマメゾウムシなどの貯穀害虫にも効くことが発表されている。ヨモギもコクゾウムシに効く成分をもつが、これらをそれぞれ単独で使用するとムギの発芽が抑制されるが、両方の成分を併せて使用すると殺虫や防虫の効果は持続され、ムギの発芽を抑制することはなく、貯蔵穀物の防虫剤として有効であることがわかっている（Liu C. H. et al. 2006, Liu Z. L. et al. 2010, Cansian R. L. et al.

2015)。

生きた人間に湧く外部寄生虫、アタマジラミには、アオツヅラフジ、カニエビの実が黒焼きにされ頭に擦り込まれていた。本種の実にはトリロビン、ホモトリロビンなどのアルカロイドを含み、科学的にも殺虫効果があるという。コマユミ、ニシキギ、ヤブサンザシなどの実も有毒で、アルカロイドの一種を含み、同じく黒焼きにして用いられた。内部寄生虫の回虫にはカヤやチャボガヤの実が予防効果を発揮した。いずれも昭和30年代の東日本の農山村での話である（長澤 2001）。

Ⅶ章　クリを食べたコクゾウムシ

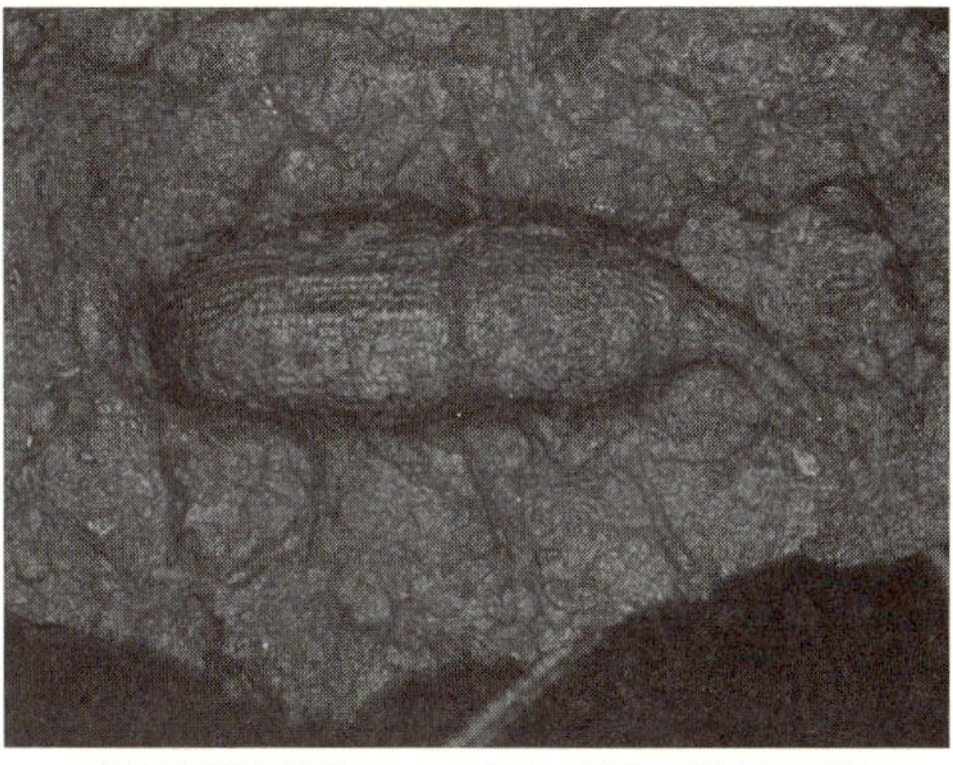

北海道館崎遺跡出土のコクゾウムシ圧痕レプリカMS画像

1 夢の発見――コクゾウムシを入れた土器

2016年2月4日の午後、いつものように北海道埋蔵文化財センターの整理室の片隅で、福島町の館崎《たてさき》遺跡から出土した復元土器の一つを膝《ひざ》の上において圧痕《あつこん》を探していた私の眼に異様な形の多数の穴が飛び込んできた。涌元《わきもと》2式土器という当地域の縄文時代後期初頭の深鉢形土器の底部内面に同じような形をした無数の穴が見えたのである。その穴は長さ3㎜ほどのハエの卵のような形をした細長いものであったが、よくよく見ると見覚えのあるコクゾウムシの圧痕であった。「えっ」、一瞬自分の眼を疑った。「まさか!」、20点を超えるコクゾウムシが底部一面に広がっていた。はやる心を落ち着かせ、土器の内外面を丁寧に眺めると、そこにも多数のコクゾウムシの圧痕がついていた。興奮で、今にも心臓が飛び出しそうな勢いであった。次の瞬間、「コクゾウムシ入り土器が出ました!」と大声で、同じ部屋にいた発掘担当者の影浦覚さんを呼びつけていた。

それを遡《さかのぼ》る3年半ほど前の2012年9月30日、大阪府岸和田市の市民会館での浜田青陵賞の授賞記念シンポジウムの席上、聴衆の方へのサービスのつもりで、青森県三内丸山遺跡のコクゾウムシ圧痕が3点ついた円筒上層式土器を引き合いに出し、普段考えてはいたが言えなかった、「土器粘土にコクゾウムシを意図的に入れたのでは」、とつい口を滑らせた。司会を担当していた朝日新聞社の天野幸弘さんは、その私の発言に食らいつき、その理由は何かと迫ってきた。返答に困った私は、「おいしいドングリやクリを食べてたくさんの子孫を残すコクゾウムシにあやかりたかったから」と答えた。これに対し天野さんは、「大切な食料を食べられて、悔しくて粘土に練りこんだのでは？」とまったく反対の意見を述べられた。両者の意見は、コクゾウムシを入れたという点では共通していたが、その意味を「祈り」と解釈するか「忌諱《きい》」と解釈するかという点において異なっていた。このときは物別れに終わった。

しかし、結果的にどちらの意見も間違っていた。そのタネ明かしは最終節ですることにしよう。ともかく、この館崎遺跡のコクゾウムシ入り土器の発見はまさに私が夢見ていた土器そのものであり、あらためてコクゾウムシの混入の意味について考えさせられた大きく意義深い発見であった。

2　縄文コクゾウムシ発見史

コクゾウムシは現代日本を含む東アジア地域では貯蔵イネを加害する貯穀害虫の筆頭である。このコクゾウムシの圧痕が縄文土器から初めて発見されたのは２００３年頃であろう。縄文コクゾウムシは、その頃熊本県内の縄文土器の圧痕の悉皆《しっかい》調査を始められていた

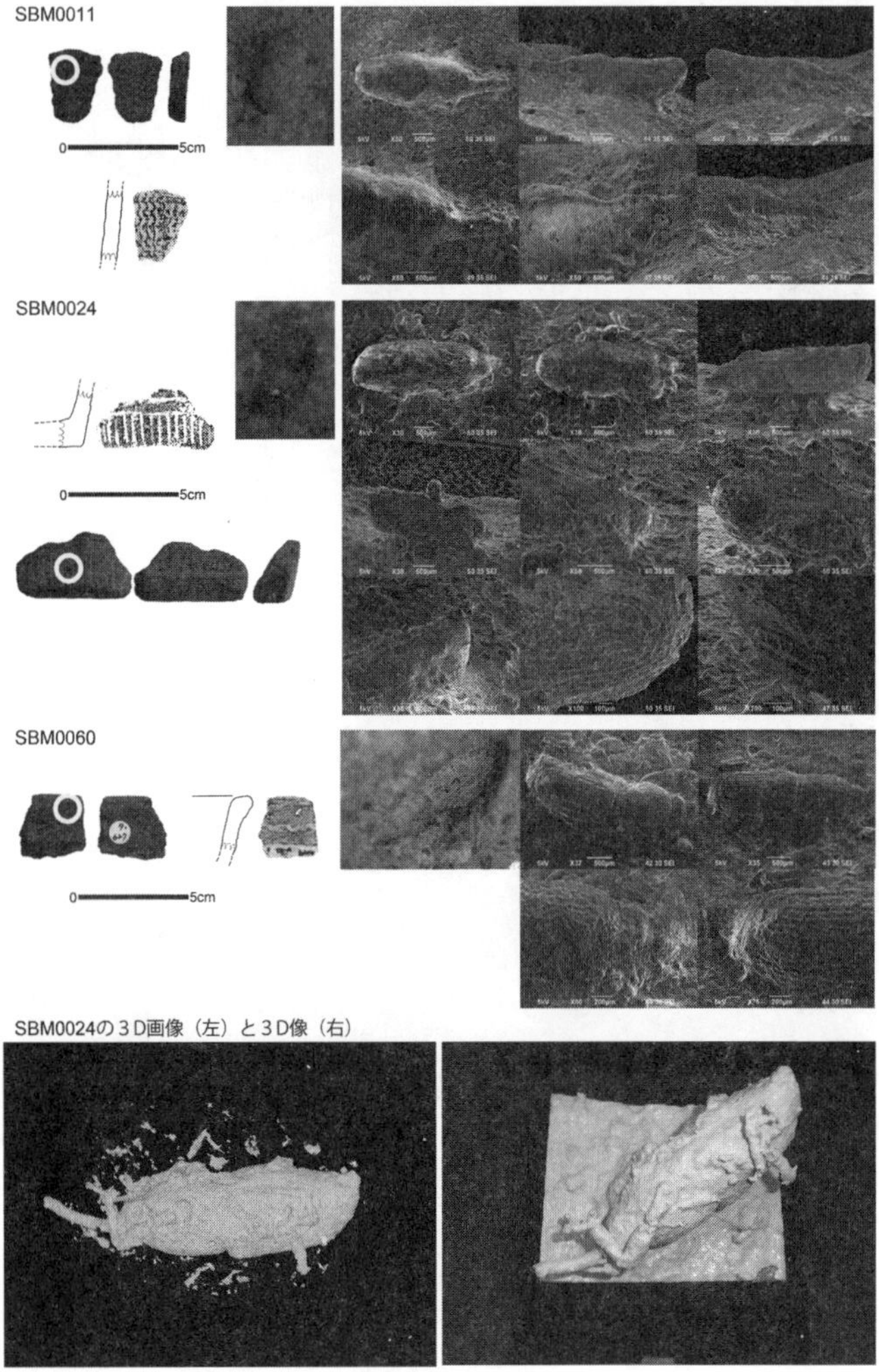

鹿児島県三本松遺跡で発見された世界最古の貯蔵食物害虫コクゾウムシ

福岡市教育委員会の山崎純男さんによって発見され、縄文時代後期の稲作伝播《でんぱ》の証拠としてマスコミにも大きく取り上げられた。それまでの我が国におけるコクゾウムシの検出例は、弥生時代から中世にかけての5遺跡例があるのみで、すべて遺跡土壌から得られた生体化石であった（小畑 2011）。よって、縄文時代の圧痕コクゾウムシは我が国でもっとも古いコクゾウムシの例であり、日本への稲作導入時期は縄文時代後期であると筆者も考えていた（山崎 2005、小畑 2008）。

ところが、２０１０年、筆者らは、鹿児島県種子島《たねがしま》にある三本松遺跡の縄文時代早期後半（１万～９５００年前）の土器から７点のコクゾウムシ圧痕を発見することになる（Obata et al. 2011）。この発見は、縄文コクゾウムシがイネとともに朝鮮半島からやってきた貯穀害虫であったという従来の説がまったくの間違いであることを教えてくれるとともに、縄文コクゾウムシの存在意義に関する発想の大転換をもたらす契機となった。その理由は、１万年前の種子島は考古学界で想定されている我が国へのイネ伝播のルートと時期から大きくかけ離れていたからである。

さらに、２０１２年、我々は５５００～４０００年前の東北の拠点集落である青森県三内丸山遺跡から生体化石として多数出土していた甲虫がコクゾウムシであることを突き止め、土器からもコクゾウムシの圧痕を多数発見した（小畑・真邉 2014、小畑 2014）。この三内丸山遺跡例はその時点まで発見されていたコクゾウムシの中でももっとも北の地域で発見されたものであり、縄文時代のコクゾウムシが我々の想像以上に広い生息域《せいそく》をもち、縄文人が創出した人為的な環境と密接な関係をもっていたことを教えてくれた。

その後もコクゾウムシ圧痕の発見は続き、2015年6月までの集計では、51遺跡325点のコクゾウムシ圧痕が検出されていた（小畑 2016a）。生育実験や野外での観察によると、コクゾウムシはクリやドングリ（コナラ属やシイ属の果実）に高い適応力をもつという（Delobel and Grenier 1993）。彼らは完全な外皮で覆われた堅果には侵入できないが、外皮が割れていたり剝《は》がれていたりすれば、ドングリやクリ上での繁殖は可能である。彼らが繁殖するには、少なくとも2か月以上のクリやドングリの貯蔵期間が必要である（宮ノ下ほか 2010）。縄文時代の食料リストの中でコクゾウムシに適合した乾燥保存の利く種実といえばドングリやクリであり、コクゾウムシの加害対象として屋内で貯蔵されたドングリやクリを想定した（小畑 2016a・2016b）。

冬季、現代のコクゾウムシは落ち葉の下や石の下など浅い地中で休眠状態で過ごす。そして春に休眠から覚めると蜜《みつ》を吸いに花へ群がる。しかし、彼らは飛翔《ひしょう》が得意でなく、活動域は人の貯蔵施設から400m以下の範囲に限られ、数㎞離れた近隣の村に棲《す》む集団とは交尾できない（吉田ほか 1956）。このため彼らの長距離を隔てた領域間の伝播には人による加害食料の運搬を必要とする。しかし、コクゾウムシはほぼ日本全域、しかも海峡によって隔てられた島々からも発見されている。よって、この縄文時代のコクゾウムシの寒冷地や島嶼《とうしょ》地域への拡散には、堅果類を含む食料の運搬や交易という人の行為なくしては実現不能であったと考えている（小畑 2016a・2016b）。

3　館崎遺跡発見のコクゾウムシの意味するもの

この縄文時代のコクゾウムシの拡散のメカニズムは現代の貯穀害虫の拡散パターンとまったく同じ原理に基づいている。ただし、この「人為拡散説」を裏付けるには、伝播地において、ドングリやクリが自生していないこと、それ以前にコクゾウムシもそこには棲んでいないことが前提条件となる。でなければ、在来のコクゾウムシがそれぞれの地域で堅果類に適応・進化してきたという説も成り立つであろう。よって、本来堅果類が存在していなかった地域でこれを立証する必要がある。

この証拠の鍵となる虫が北海道館崎遺跡のコクゾウムシたちである。館崎遺跡は北海道の最南端、白神岬の北東約６㎞、津軽半島を間近に望む標高24ｍの高台に立地する縄文時代前期末葉（約５０００年前）から後期初頭（約４０００年前）の遺跡である。２００９～２０１１年にかけて行われた北海道新幹線の送電施設建設に伴う発掘調査で、竪穴《たてあな》式住居址《し》51基、土坑１１９基、厚さ１・５ｍの盛土遺構が検出された。盛土遺構からは土器91万点、石器類48万点という膨大な数の遺物が検出されている。本遺跡の中心時期である縄文時代前期末から中期の遺構群は、津軽海峡を挟んで対岸にある三内丸山遺跡とほぼ同時期であり、この地域の拠点的な集落であったと推定されている（福井・影浦 2016）。

圧痕調査の対象とした資料は、本遺跡から出土した縄文時代前期末葉～後期前葉の土器約1200個体分である。調査は、2013年5月より2016年7月まで計8回にわたって実施した。その結果、ヒエ属有ふ果74点、ニワトコ種子4点、ヌスビトハギ節果2点、タデ科種子2点、シダ類羽片1点、不明種実9点、植物部位不明2点、コクゾウムシ96点、種不明甲虫2点、微小な巻貝と蓋《ふた》6点の土器圧痕を検出した。量的に多かったのは、ヒエ属有ふ果とコクゾウムシであり、それぞれを多量に混入したと推定される個体を検出した（小畑 2017）。

この調査のきっかけは館崎遺跡を発掘した影浦覚さんと奈良国立文化財研究所の埋蔵文化財研修でお会いしたときに始まる。青森県三内丸山遺跡で多数のコクゾウムシや植物種実を検出したので、北海道南部の同じ円筒土器文化に属する館崎遺跡からも、何がしかの人為利用の種実類の圧痕がたくさん出るだろうと、予想・期待してのことではあったが、これほどまで成果が上がるとは、本人が一番びっくりした。

圧痕調査開始当日、埋蔵文化財センターの多くの方々が期待の目で見つめる中、作業を始めた。何も出なかったらどうしよう、ドキドキしながら見回すと、机の上に並べられた多数の土器の中で一点の小さな土器片が目についた。最初に目につき手にしたその土器の

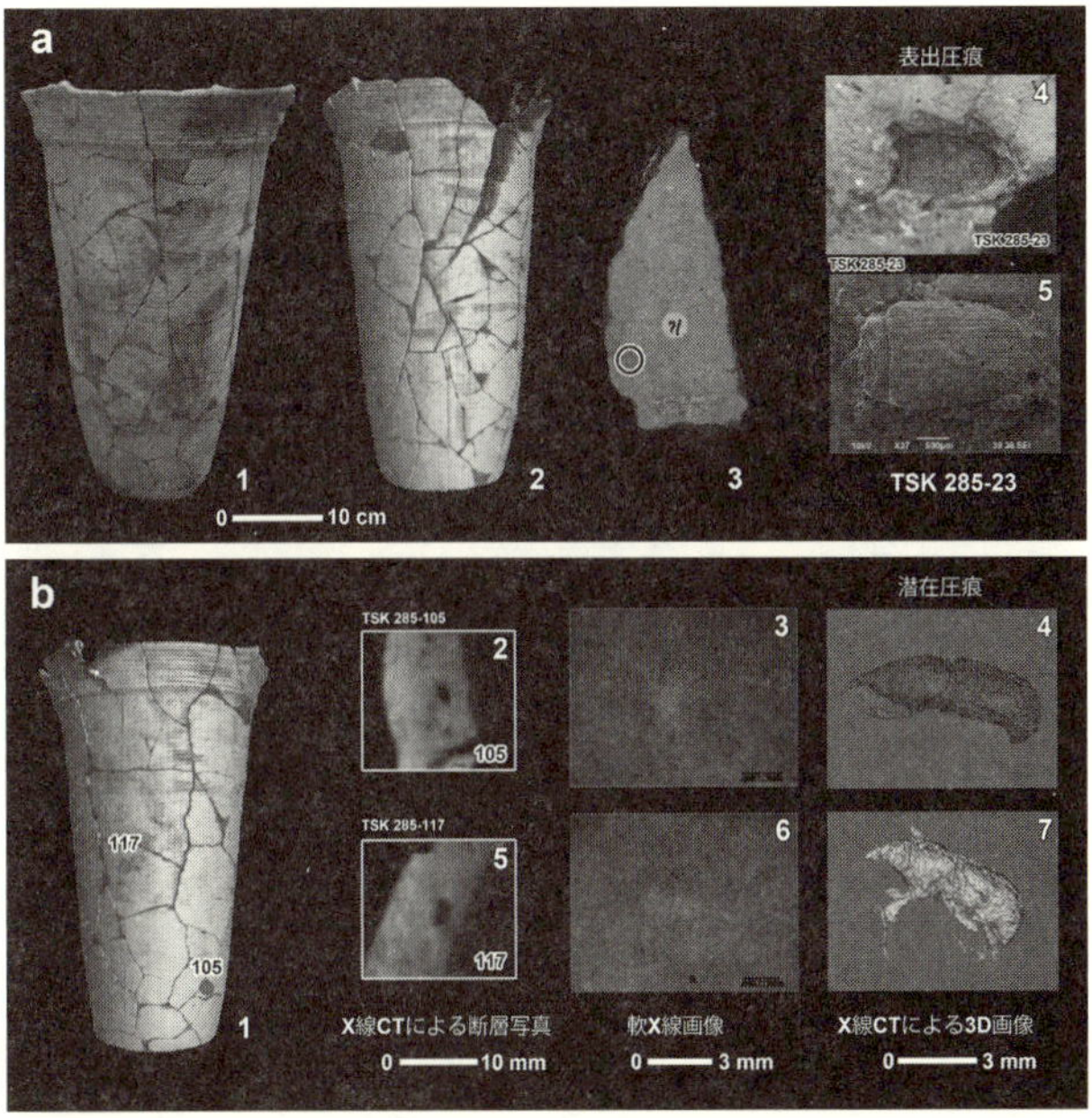

館崎遺跡で最も古いコクゾウムシ圧痕のある土器（Obata et al. 2018より）

北海道福島町館崎遺跡で発見された縄文時代前期末の円筒下層d2式土器にはコクゾウムシ3点のほかヒエの圧痕12点も含まれていた。コクゾウムシもヒエも青森県青森市三内丸山遺跡からも発見されている。

中央にあった穴がなんとコクゾウムシの圧痕だったのである。冗談ではなく、この瞬間、私はコクゾウムシを研究するために生まれてきたのだと確信した。津軽海峡をコクゾウムシが渡った記念すべき日、２０１３年５（ゴ）月９（ク）日は、語呂《ごろ》合わせでまさに「コクゾウ」の日であった。

　結果的に、コクゾウムシ圧痕は11個体の土器から検出した。内訳

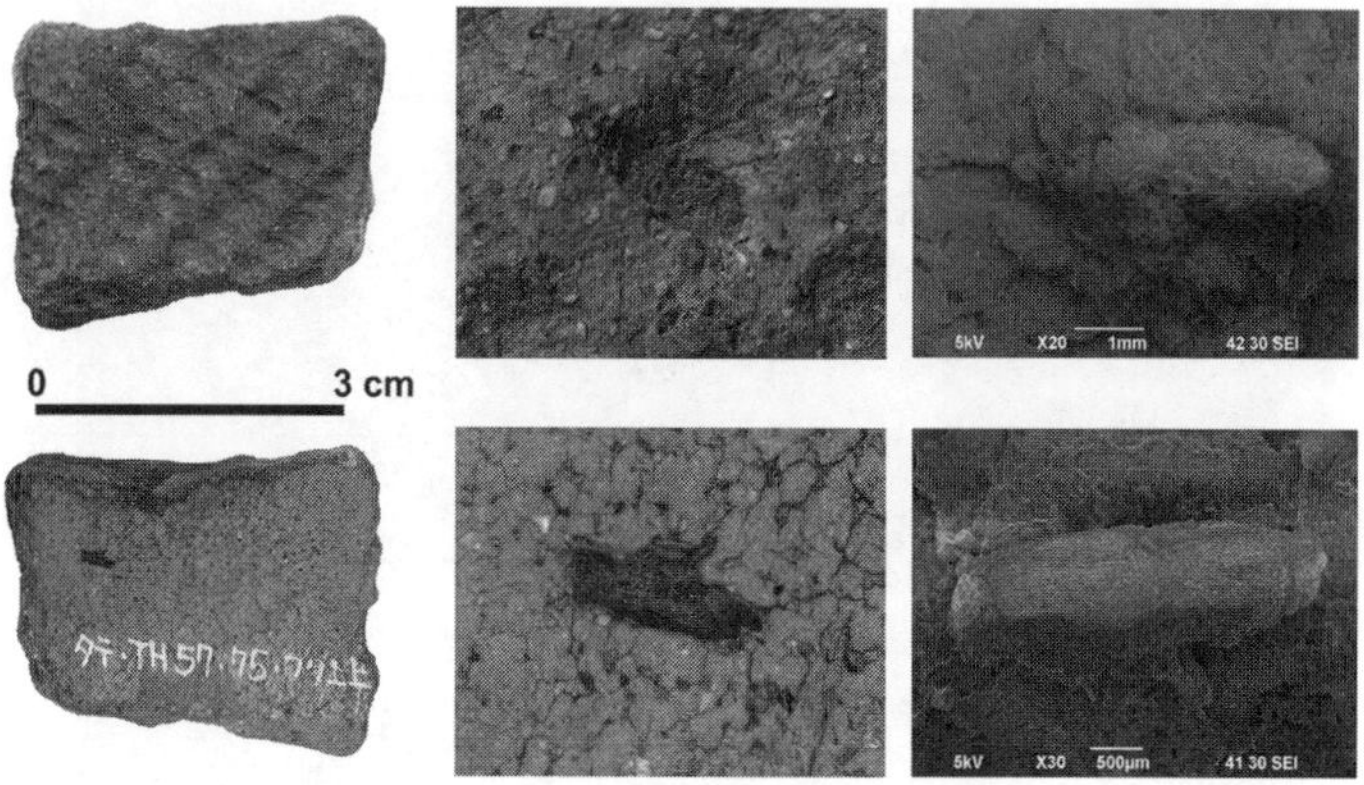

北海道で初めて発見されたコクゾウムシ圧痕をもつ土器（館崎遺跡）

は縄文時代前期後半の円筒土器下層d2式土器1点から1点、中期前半の円筒上層a2式土器1点から1点、後期前葉の涌元1式土器8個体から9点、同涌元2式土器1点から85点である。

なぜ北海道にコクゾウムシが？　円筒土器文化といえば、三内丸山遺跡で注目されたクリである。北海道のコクゾウムシはクリと関係があるに違いない。いろいろ調べていくうちに、北海道には本来クリはなく、縄文人たちによって運ばれた植物であることがわかった（山田・柴内 1997）。この点は道南の現生クリの遺伝子分析の結果からも立証されている（鈴木 2016）。

館崎遺跡においてはコクゾウムシが出現する時期が縄文時代前期末であり、クリの伝播が三内丸山遺跡の集落開始期より土器型式が一型式分遅れるという記述（山田2015）にもほぼ符合し、後期初頭にコクゾウムシが増加する点も道南地域におけるクリ利用の最盛期と一致する現象である。北海道においては、地質年代の地層からもこの前期末以前の遺跡からも、まだコクゾウムシは発見されていない。よって、館崎遺跡のコクゾウムシは、津軽海峡を越えてきた東北の円筒土器文化圏の人たちによって無意識のうちにクリとともに運びこまれた害虫であったと考えられる。

4　クリを食べて大きくなったコクゾウムシ――コクゾウムシの背比べ

では彼らが加害した種実がドングリではなく、クリであるという証拠は一体何であろうか。実は三内丸山遺跡でコクゾウムシの生体化石を確認したとき、これまで九州地方で見ていた圧痕と比べるとサイズがやけに大きいことが気になっていた。土器は焼成の際、収縮するので、そのせいだろうと思っていたが、収縮率を割り引いても大きかった。

そこで、コクゾウムシの体のサイズを比較するために、それまで集めた縄文時代を中心とした日本各地の48遺跡から得た318点の圧痕レプリカを用いた。計測部位は、胸部、前翅《ぜんし》、そして頭部～尾部の長さである。

コクゾウムシの玄米による飼育実験（木下・石倉1940）によると、低温で高湿度であれば大型に成長するという。コクゾウムシ圧痕は、南西諸島から北海道南部までの広い地域に

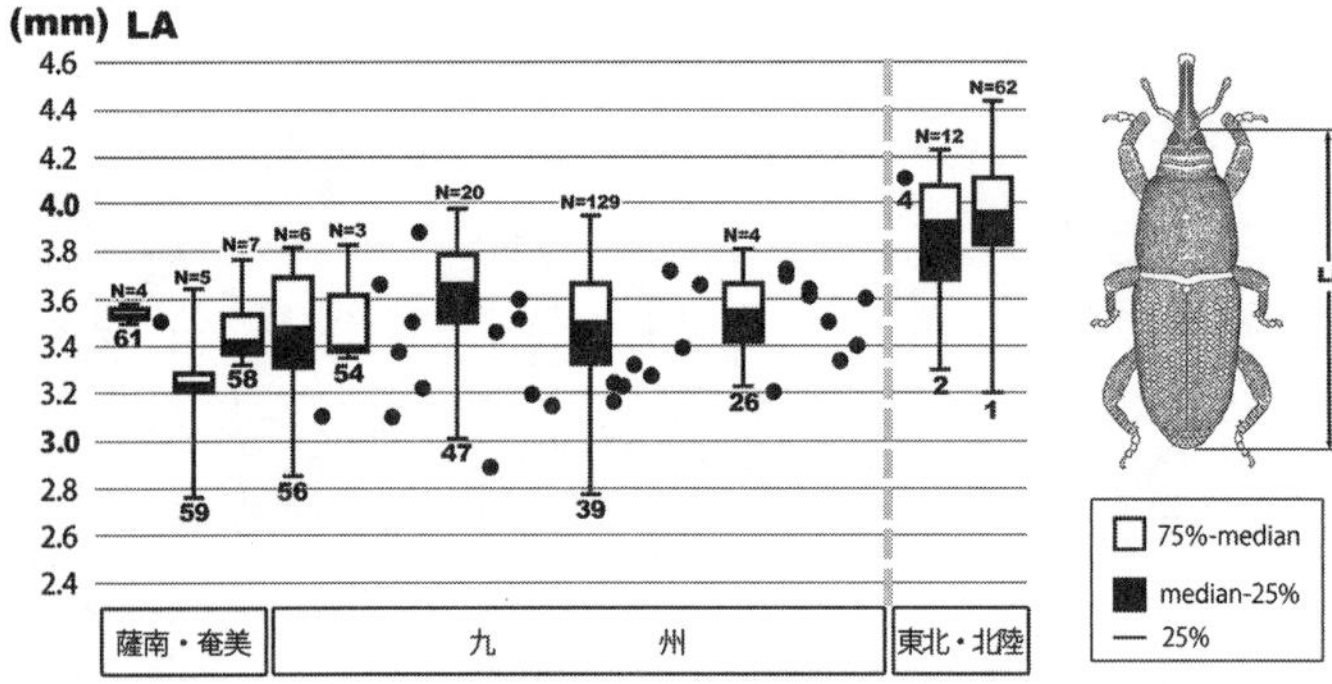

コクゾウムシの背比べ
本州の測定例はないが、北海道の館崎遺跡や東北の三内丸山遺跡、北陸の桜町遺跡のコクゾウムシは、九州地方や九州の南西部の島嶼部で発見されたコクゾウムシより1.14倍ほど大きいことがわかる。

分布している。よって、気温の差がコクゾウムシの体の大きさに影響を与えていた可能性もある。マメ類に付くゾウムシ、アズキゾウムシの場合、低温で育てた次世代の成虫は、より高い温度で育った親の代の体のサイズより大きくなることが報告されている（梅谷1987）。

コクゾウムシの発育日数は、玄米の場合で、15度以下では繁殖せず、30度以上で抑制されるとある（原田1971）。28度が繁殖にもっとも好適であり、18度から28度へ気温が上がるにつれて発育日数は短くなる。しかし、30度を越えると再び日数が長くなり、かろうじて次世代成虫の発生をみるが、第3代は得られない。よって15～20度であれば発育期間が長くなり、適温の28度のものより体が大きくなる可能性はある。

しかし、木下・石倉両氏は、温度差は体の大きさにはあまり影響がなく、むしろ食物（栄養状態）の差が大きいと述べている。木下氏らは甘藷《かんしょ》を用いて実験を行った。木下氏らの実験のデータをもとにこれを検証してみると、温度25度（湿度70～80％）の雄と温度30度（湿度70～80％）の雄を比較した場合、30度に比べ25度は胸長で１・０３倍、前翅長で１・０５倍大きいのに対し、温度30度のイネと甘藷で育てた雄の場合、胸長・前翅長ともに１・０９倍大きい。さらには鹿児島産の甘藷を加害する系統と比較すると、胸長で１・１２倍、前翅長で１・１３倍と、その差はさらに大きくなる。これは気温差よりも加害食物の差の方がコクゾウムシの体の大きさにより大きな影響を与えることを示している。

筆者らのイネを用いた飼育実験では、気温が低くなっても、体が格段に大きくなるという現象はみられなかった。平均値で見た場合、20度の場合、前翅は25度から98・９％と小さくなっており、逆に胸長は１００・１％で、頭部～尾部の長さでみても、０・４％大きくなっているに過ぎなかった。

これを年平均気温の差が４～６度ある地域の縄文時代のコクゾウムシ圧痕例で比較すると、寒い地域にある館崎遺跡のコクゾウムシの胸の平均長は、温かい地域の本野原遺跡からのものに比べ11・８％長い。そして、前翅の平均長は19・６％、頭から尾部全身は13・９％本野原遺跡より長い。西南日本と東北日本の両地域を代表するこの縄文時代後期に属する二つの遺跡のコクゾウムシの体の長さに違いがあることは大きな意味がある。ここで

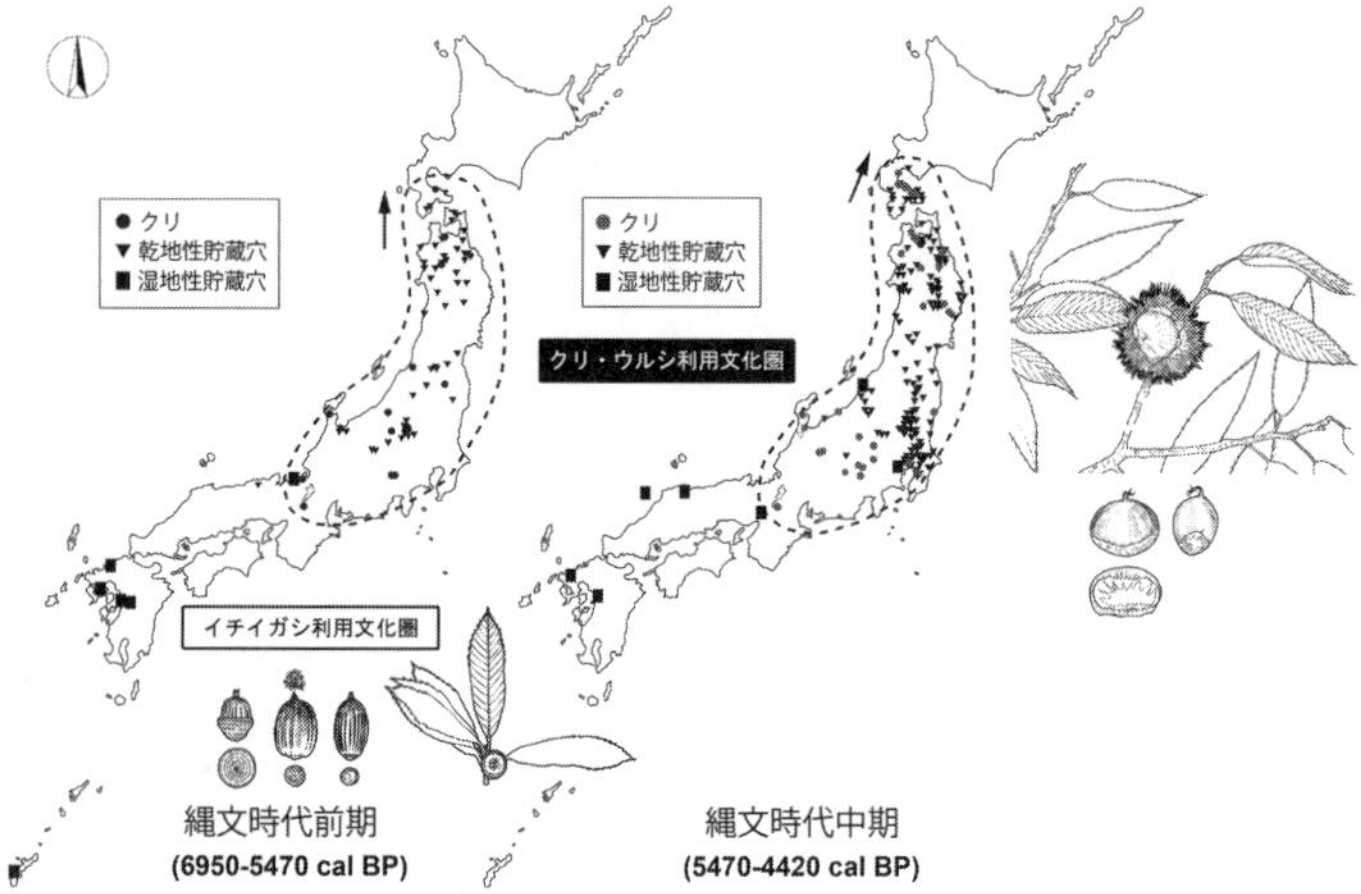

クリ・ウルシ文化圏と乾地性貯蔵穴の分布図
東日本に縄文時代前期に成立するクリ・ウルシ文化圏は縄文時代前期末には北海道南部へ広がる。これに対し西日本はイチイガシを主に利用する地域となる。

は、寒冷な地域のコクゾウムシが14%ほど大きくなっており、これは先の温度差の実験結果での数値とは大きく異なっている。この事実は、コクゾウムシの体の大きさの差の原因として主たる加害食料の違いを想定する必要性を強く示唆している。

大型のコクゾウムシ圧痕が検出されたのは、東日本の地域であり、これはクリの主たる利用域である「クリ・ウルシ利用文化圏」と定義されている（佐々木2014）。この文化圏はほぼ縄文時代早期後半から前期に成立するとされ、分布圏内におけるコナラ属堅果類の利用例はほとんどない。食料以外に建築材などとしても管理されたクリが利用されていたという。この傾向は中期まで継続する。九

クリの実が大好きなコクゾウムシ
米を与えていたコクゾウムシたちにクリの実を与えると集まってきて無心に食べていた。

州地方において早期にクリを出土する遺跡は存在するが、クリを多量に利用していた痕跡はさほど顕著ではなく、この時期はコナラ亜属（落葉樹系）の堅果類が主に利用されている（小畑・坂元・大坪 2003、小畑 2004）。そして温暖化とともに照葉樹林が発達し、この縄文時代前期以降九州を中心とした西日本では、イチイガシを主とした利用が始まり、この傾向は後期まで続く（水ノ江 1999、小畑 2016a）。佐々木由香氏は九州を含む西日本を東日本の「クリ・ウルシ利用文化圏」に対し「イチイガシ利用文化圏」と定義した。

ここで指摘せねばならないもっとも重要な点は、コクゾウムシの大型個体の分布域が佐々木氏の「クリ・ウルシ利用文化圏」と地域的にも時期的にも一致する点である。この地域のコクゾウムシの体の大きさは低温効果よりもむしろ加害した貯蔵堅果類が栄養価の高いクリであったことに起因している可能性が高い。筆者らの堅果類を用いた実験でもクリで飼育した個体群がもっとも大きくなり、デロベル B．らの非穀物植物を与えた飼育実験（Delobel and Grenier 1993）では、クリで飼育したココクゾウムシがもっとも重く、体重および体内バクテリア数でドングリのそれを上回っていた。

このドングリ類よりもクリで育った個体が大型になるという特徴は、昆虫学でいえばホスト・レース形成（Host Race Formation）と呼ばれる現象として説明できる（Diehl and Bush 1984）。ホスト・レースは別種ではないが、特定の寄主に適応した結果、形態や生態が他の集団とは異なるように特殊化した状態をいう。特定の植物を利用する食植性昆虫でよく知られる現象で、この特殊化が進めばやがて別種になると考えられている。我々はこの縄文時代の大きさの異なるコクゾウムシ個体群の間を種レベルで区別できる同定根拠をまだ見つけてはいない。よって、両地域のコクゾウムシの体の大きさの違いは、縄文時代の東日本と西日本では、主たる利用堅果類の種の違いがあり、それらを加害したコクゾウムシの体長に反映した、つまり「ホスト・レース形成の結果」と考えられる。

最後に、最新の縄文コクゾウムシ情報を述べておこう。これは数年後にはまた大きく変わっているかもしれない。それは単に圧痕調査が行われるか否かにかかっている。コクゾウムシ圧痕は全国区かつもっともよく出る昆虫圧痕であるからである。

２０１８年８月15日現在、遺跡数にして、縄文時代55箇所、弥生時代６箇所、古墳時代（相当期）２箇所の63箇所から、縄文時代７８７点、弥生時代10点、古墳時代（相当期）４

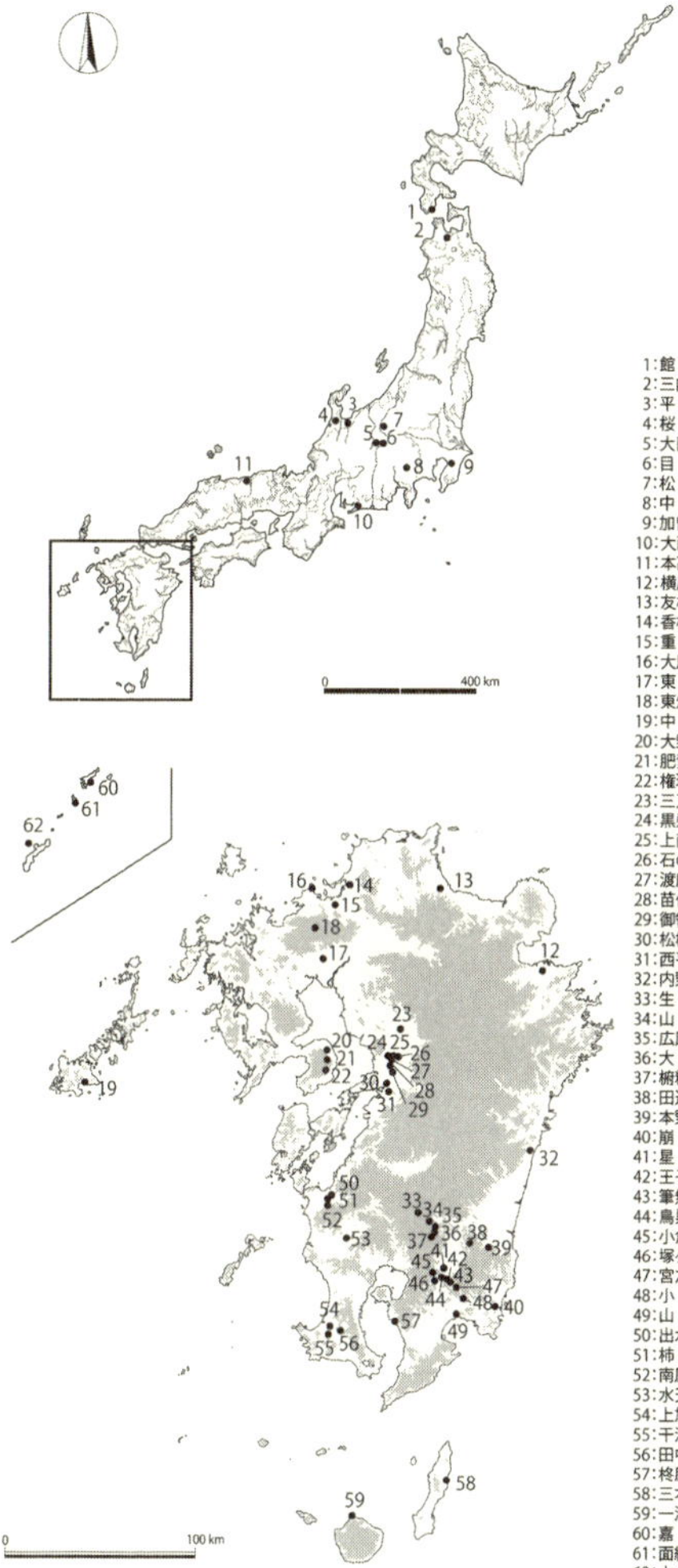

1：館　崎（Tatesaki）：縄文
2：三内丸山（San'nai-Maruyama）：縄文
3：平　岡（Hiraoka）：縄文
4：桜　町（Sakuramachi）：縄文
5：大日ノ木（Ohhinoki）：弥生
6：目　切（Mekiri）：縄文
7：松　原（Matsubara）：弥生
8：中　谷（Nakaya）：縄文
9：加曽利貝塚（Kasori kaidzuka）：縄文
10：大西貝塚（Ohnishi kaidzuka）：弥生
11：本高弓ノ木（Motodaka-Yuminoki）：弥生
12：横尾貝塚（Yokoo kaidzuka）：縄文
13：友枝曽根（Tomoeda-Sone）：縄文
14：香椎A（Kashii-A）：縄文
15：重　留（Shigetome）：縄文
16：大原D（Ohbaru-D）：縄文
17：東　名（Higashimyo）：縄文
18：東畑瀬1区（Higashihatase Loc. 1）：弥生
19：中　島（Nakajima）：縄文
20：大野原（Ohnobaru）：縄文
21：肥賀太郎（Higataro）：縄文
22：権現脇（Gongenwaki）：縄文
23：三万田（Mimanda）：縄文
24：黒髪町（Kurokamimachi）：縄文
25：上南部（Kaminabe）：縄文
26：石の本（Ishinomoto）：縄文
27：渡鹿貝塚（Toroku kaidzuka）：縄文
28：苗代津（Nawashirozu）：縄文
29：御領貝塚（Goryo kaidzuka）：縄文
30：松橋大野貝塚（Matsubase-Ohno kaidzuka）：縄文
31：西平貝塚（Nishibira kaidzuka）：縄文
32：内野々（Uchinono）：縄文
33：生　駒（Ikoma）：縄文
34：山　中（Yamanaka）：縄文
35：広原第一（Hirowara Loc. 1）：縄文
36：大　谷（Ohtani）：縄文
37：椨粉山（Tabukoyama）：縄文
38：田辺開拓（Tanabekaitaku）：縄文
39：本野原（Motonobaru）：縄文
40：崩　野（Kuen'no）：縄文
41：星　原（Hoshihara）：縄文
42：王子原（Ohjibaru）：縄文
43：筆無A（Fudenashi-A）：縄文
44：鳥巣ノ上（Torisunoue）：縄文
45：小倉前（Oguramae）：弥生
46：塚ヶ段（Tsukagadan）：縄文
47：宮之迫（Miyanosako）：縄文
48：小　迫（Kozako）：縄文
49：山　角（Yamazumi）：縄文
50：出水貝塚（Izumi kaidzuka）：縄文
51：柿　内（Kakiuchi）：縄文
52：南原内堀（Nanbara-Uchibori）：縄文
53：水天向（Suitenmukai）：縄文
54：上加世田（Uekaseda）：縄文
55：干河原（Higobaru）：縄文
56：田中堀（Tanakabori）：縄文
57：柊原貝塚（Kunugibaru kaidzuka）：縄文
58：三本松（Sanbonmatsu）：縄文
59：一湊松山（I'soumatsuyama）：縄文
60：嘉　徳（Katoku）：縄文
61：面縄貝塚（Omonawa kaidzuka）：縄文・古墳相当
62：ナガラ原東（Nagarabaru-Higashi Kaidzuka）：古墳相当

日本列島におけるコクゾウムシ圧痕出土遺跡の分布図（2018年8月15日現在）

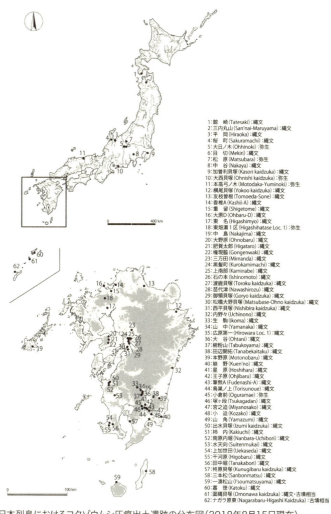

点のコクゾウムシ圧痕が検出されている。

5　クリの化身？　コクゾウムシ

館崎遺跡の後期初頭の土器ＴＳＫ　４８４からは全国でも一番多いコクゾウムシ圧痕85点を検出した。それほど多数が土器表面に出ているなら、中にもあるはずと、熊本へ借りてきてＸ線ＣＴスキャナーで撮影した。その結果、Ｘ線ＣＴスキャナーの断層画像を見てみると、いるわ、いるわ。接合しなかった同一個体の土器の破片12点も調べると、そのうち5点にコクゾウムシ6点の潜在圧痕を確認できた。正確をはかるために、これらを解像度を高くして撮影し、３Ｄ画像を作成してコクゾウムシで間違いないことを確認した。

結果的にこの復元土器には合計で４１７匹のコクゾウムシが入っていた。３Ｄのドット図を見ると、コクゾウムシの位置を表したドットだけで土器の形がわかるほどである。この復元土器は全体の16・８％の部分が欠落しているので、推定で５０１匹のコクゾウムシ成虫がこの土器の中にいたことになる。他の土器からもコクゾウムシの潜在圧痕を検出したが、その単位面積当たりの推定数の比較では、この土器が飛びぬけていた。もはやこれは意図的混入という他ない。

同じように、最近、東日本を中心に、マメ類やエゴマの多数の種実圧痕をもつ土器が発

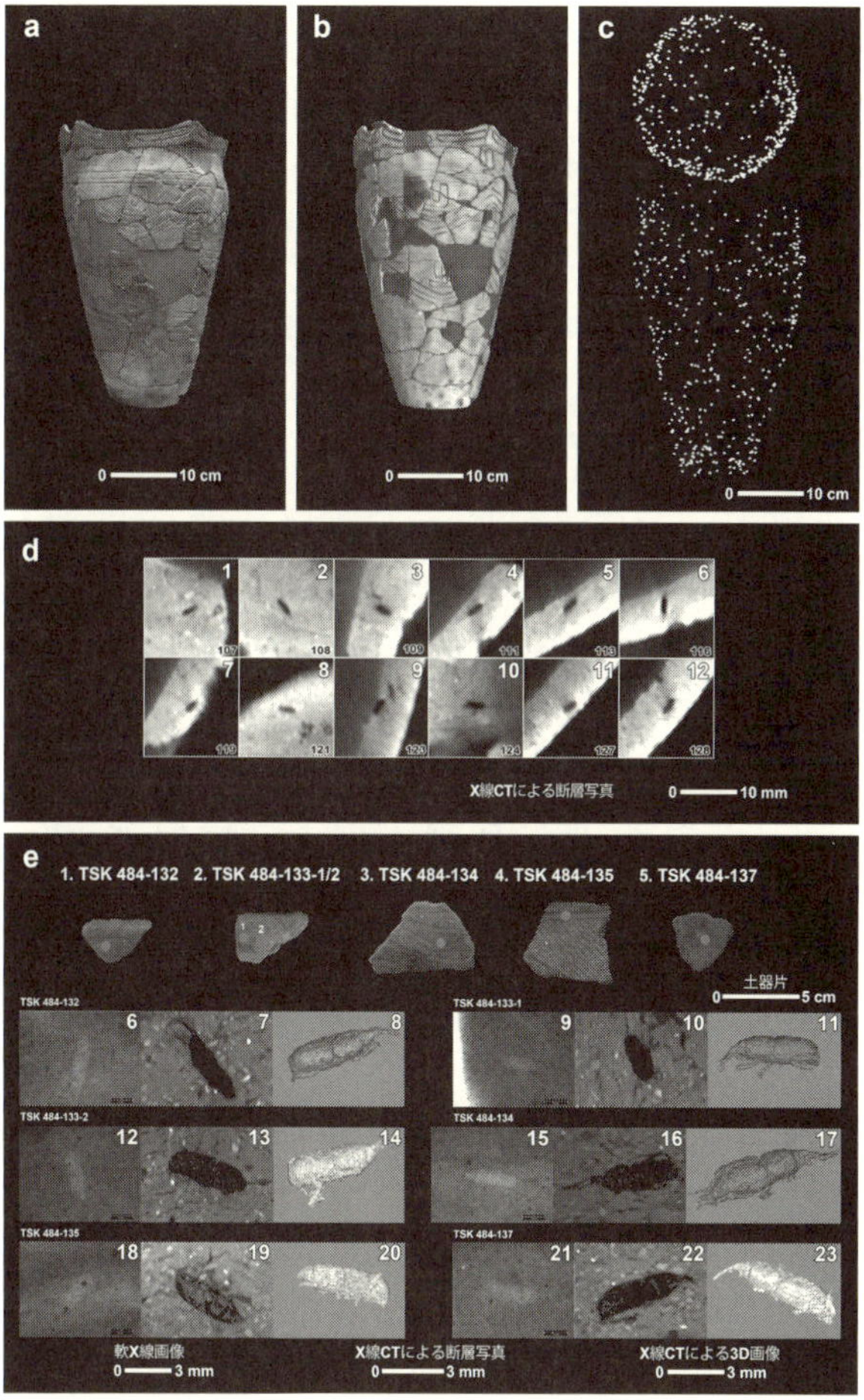

北海道館崎遺跡で発見したコクゾウムシ入り土器（Obata et al. 2018より）
北海道福島町館崎遺跡から出土した涌元２式という縄文時代後期初頭の土器からは417匹のコクゾウムシ圧痕がＸ線機器によって明らかにされ、復元すると約500匹のコクゾウムシが入っていたことになる。世界的にもきわめてまれな発見である。

見されつつある。これらをどのように考えたらいいのだろうか。

土器を祭祀《さいし》など精神的な意味での儀式に使用する場合、その行為は土器作りの場面と土器使用時に現れる。その行為とは、文様や装飾を施し、土器に一定の意味をもたせたり、土器を穿孔《せんこう》したり破片にしたりして埋葬するなどの行為である（中村 2013）。これらはいずれにおいても土器を製作または加工・破壊するという、見る人への視覚的効果を意識したもので、土器そのものに意味をもたせる行為といえる。ここで重要なのは、土器作りの際の土器の装飾や文様づけ、そしてそれらの変形・破壊行為にしても、それらはすべて他者に「見える」、という点である。

これに対して、土器胎土内に種実を混入するという行為の結果には、視覚的効果はほとんどない。微細な種実が入っていることは、一見しただけでは判断できない。表面に装飾や器面調整（縄文施文を含む）があればなおさらである。富山県小竹貝塚出土の約４５０cm^2の破片にエゴマ果実が５００点ほど混入された土器の場合でも、軟X線で観察すればほぼ隙間なくエゴマ果実が入っているのに、その外表面には縄文が施されているため、注意深く見なければ探し出すことが困難であった（小畑 2015）。また、多数の混入ではないが、山梨県酒呑場《さけのみば》遺跡から出土した土器の把手部分に2個のダイズ属種子を入れた例（中山 2010）などは、外部からはまったく見えない。

よって、種実を粘土胎土に混入する行為は、視覚的効果を狙ったものではなく、種実を粘土に入れる、土器に埋め込むという行為によって、種実そのものに意味を付与する行為であると考える。それは種子をまく行為とまったく同じであり、土器という大地に種実を埋め込むことによって、種子や実が再び生まれてくるという、再生や豊穣《ほうじょう》を願って行われた行為と思われる。それは多量に混入される種実が、ダイズやアズキ、エゴマ、そしてヒエ属などの栽培植物であることからも頷《うなず》ける（小畑2015）。このような多量に種実を混入した土器は、先の例以外にも関東から中部地方にかけての縄文時代遺跡から多くの例が発見されつつある。ダイズ属種子の場合、神奈川県勝坂遺跡（X線検査未実施：表出圧痕70点以上）（中山・佐野2015）、埼玉県越後山遺跡（X線検査未実施：マメ類含む表出圧痕58点）（中山他2016）、アズキ亜属の場合、長野県目切遺跡（X線による検査：39点・1個体当たりの推定３００点）（会田ほか2015）や同伴野原遺跡（X線による検査：１５１点）（会田ほか2017）、エゴマの場合、長野県梨久保遺跡（X線による検査：１５１４点・1個体当たりの推定３０００点）（会田ほか2015）、山梨県花鳥山遺跡（X線による検査：底部のみ22点）（中山ほか2017）、神奈川県下原遺跡（X線による検査：約３００点）（中山ほか2018）などが代表例であり、小さな土器片を含めると、その数は予想以上に多かったものと思われる。

　このような現象が冬の厳しい東日本や東北・北海道の縄文土器に多くみられるという事実も、この地域の暮らしが西日本地域のそれに比べて栽培植物に依存する度合いが高かったことの裏返しと考えられないだろうか。同じように、栽培された穀物の種子が意図的に土器作りの際に粘土中に入れられる場合があることが、スカンジナビアの新石器文化の研究で議論されている。この穀物を土器に入れる行為は、その行為によって土器、調理、穀物、繁殖力、祖先の力の間に直接的象徴的な結びつきが形成され、穀物は家畜と同じように、人と自然界とを分ける役割を果たしたものであったと考えられている（Tilley C. 1996）。

先にみてきたように、クリやドングリも縄文人たちにとっては重要な食料であった。私は、縄文人たちは、コクゾウムシをこれら堅果類の生まれ変わりと考えていたのではと想像する。その理由は、縄文人たちがコクゾウムシの成虫がクリやドングリに卵を産み付けそこから羽化して出てくるという、コクゾウムシ発生のメカニズムを知らなかったと思われるからである。

ハエの場合も、ハエの生態が科学的に証明される（17世紀中葉）以前は、ハエのウジはもともと人間の体内に居て人の死後生まれてくるものと信じられてきた（マディソン 2002）。ハエや飛ぶ昆虫を人の魂の化身と捉《とら》える観念はさまざまな地域にあり、中米では、モチェ文化（紀元前後〜7世紀）以来16世紀末まで伝承として残っていた（Huchet and Greenberg 2010）。これはハエ成虫の産卵→ウジ虫の誕生というハエの発生メカニズムがわかっていなかった頃の話である。

クリやドングリから出てくるコクゾウムシは、彼らの大切な食料を加害する害虫ではあるが、悪いムシではなく、ハエと同じく、ドングリやクリの化身と考えられていたのかもしれない。

不思議な不思議な縄文時代の甲虫、コクゾウムシ。筆者の心を捉えてやまないのは、近づいたと思ったら遠くへ飛んでいく、つかみどころのない、ハンミョウのような動きに似たその現れ方にあるのかもしれない。ただし、つかず離れず、確実に私をどこかへ誘《いざな》っている。

6　また夢の発見──中国大陸初のコクゾウムシ

2015年から始まった「総合稲作文明学」という金沢大学の中村慎一先生を中心とする日本学術振興会の新学術領域研究のプロジェクトメンバーとして、中国浙江省余姚《よよう》市にある田螺山《でんらさん》遺跡を訪ねた。私は植物と動物資料を担当するA2班の一員として、主に土器圧痕調査による植物種実と昆虫の探査を担当した。この田螺山遺跡での土器圧痕調査はそれ以前に宮崎大学の宇田津徹朗先生の科研プロジェクトで一度経験があった。イネ栽培発祥地の遺跡であり、およそ7000年前の河姆渡《かぼと》文化の遺跡であるから、当然、イネ籾《もみ》圧痕を多数検出していた。しかし、プロジェクトのキックオフミーティングで紹介された中村慎一先生のプロジェクト概要のスライドを見ると、どうやら私への期待はイネではなく、コクゾウムシの発見のようだ。たしかに栽培イネの発祥地でイネを見つけても何の面白みもない。その期待はイネ以外の栽培植物（アワやキビなど）や貯蔵イネの害虫であるコクゾウムシの発見にあるのは当然である。「害虫（ムシ）が湧くほどお米が豊富であった」。このようなコンセプトは稲作文明には不可欠な語り口でもあり、コクゾウムシの発見はある種待望の的でもあった。

初年度、3名の学生を連れ田螺山遺跡で調査を行った。しかし、期待とは裏腹に、イネ籾以外のものは何も見つけることができなかった。次に行った良渚《りょうしょ》遺跡でも同じであった。次年度は2名の学生を連れて調査を行った。もちろん田螺山遺跡でも調査したが、成果が芳《かんば》しくないことから、他の馬家浜《ばかほう》文化期の遺跡などいくつかの遺跡の土器を調査した。やはりここでもイネしか発見できなかった。イネ発祥の地でイネ圧痕を出したところで成果とは言えない。圧痕の観察から、土器胎土の中にイネ脱穀時の副産物やイネ籾を混入したような状態が把握でき、土器作りの観点からは興味深い成果であったが、あまりに当然すぎて、これも声高に自慢するほどのことでもなかった。

現地調査が半分憂鬱《ゆううつ》になりかけていたが、今期の調査には、2年生の「アッコン女子」3名を連れて行くことにした。彼女らは、考古学分野に進学してきてから、筆者の研究の手伝いということで、圧痕調査とレプリカ作りに慣れていた3名であり、顕微鏡も2台持ち込んでの気合いを込めた調査であった。調査対象地をあれこれ探したが、結局田螺山遺跡に絞って攻めることにした。しかし、寒く暗い倉庫での調査は決して楽なものではなかった。圧痕を見つけてもやはりイネばかりである。冗談交じりにコクゾウムシを見つけたらハワイツアーをプレゼントすると言って彼女らの士気を鼓舞した。しかしイネ圧痕以外は何も見つからないまま2日間が過ぎた。またダメかと心が折れかけていた。しかし、ここでやると言った以上、もう逃げられない。

中国浙江省田螺山遺跡で圧痕調査をするアッコン女子たち

この背水の陣の決意がよかったのだろうか、3日目の朝には大型の甲虫の圧痕を見つけた。少し空気の流れが変わった気がしていた矢先、アッコン女子の一人宮浦舞衣さんが突然立ち上がり、「これ観てください。ブツブツがあります。確かです」と、自信ありげな表情で顕微鏡を明け渡した。レンズの中を覗《のぞ》くと、そこには美しい点刻で飾られた甲虫がいた。見覚えのある点刻列、お椀《わん》のような基節、腹部の3本の深い溝、確かにコクゾウムシである。思わず握手を求めた。ついに夢にまで見た（実際は見ていないが……）中国産コクゾウムシを発見したのである（小畑ほか2018）。2018年3月7日午前10時30分、中国考古学で初めてコクゾウムシが見つかった歴史的瞬間であった。

この時の調査では、これ以上コクゾウムシの圧痕は発見できなかったが、甲虫やオニバスに加え、エノコログサやカヤツリグサ科などのイネ以外の多様な種実も多数発見することができた。よくよく考えれば、粘り強く多数の土器を丹念に見れば何かしら発見できることはこれまでの経験から摑《つか》んでいた教訓であったし、土器圧痕調査に一番必要なものは忍耐だと学生たちにも訴え続けてきた。珍しいものは多量の土器を見なければ発見できない。講義や講演で自ら解説してきた「理の当然」が、功を急ぐあまり、心がぐらつき、見えていなかっただけであった。猛省すべし。

この発見前、中国では馬王堆漢墓のオオムギについたココクゾウムシが貯穀害虫の唯一の例であった。それを数千年遡る新石器時代に、この稲作発祥の地で発見されたコクゾウムシはまさにイネの害虫であった可能性がきわめて高い。しかし、縄文時代のコクゾウムシのように、ドングリやクリなどの堅果類を加害した可能性もないわけではない。中国南部のコクゾウムシの現物資料は手元になく、加害物推定の根拠となる大きさを比較する材料もない。ただ、今回の発見は、中国（稲作起源地）での貯穀害虫の発生の歴史を解明する端緒となる発見といえる。また新たな研究が開始されようとしている。

ハワイツアーはお願いしてカニ鍋に代えてもらった。

終章　害虫と人の未来

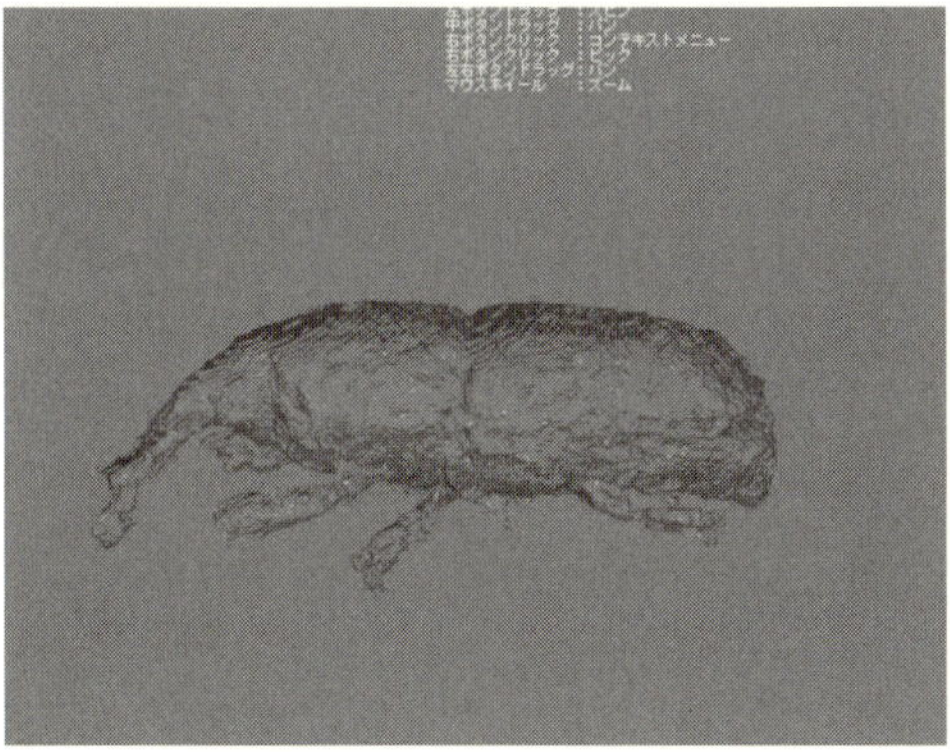

北海道館崎遺跡出土のコクゾウムシ入り土器の
潜在圧痕コクゾウムシのX線CT3D画像

1　圧痕家屋害虫学の可能性と限界

考古遺跡といってもさまざまである。低湿地遺跡と呼ばれる水分を多く含む嫌気性堆積《たいせき》物で構成される土壌中に遺物を含む遺跡では、葉っぱや種子などの植物遺体を多く含み、ここからは豊富な昆虫遺体が発見されることが多い。逆に骨や貝殻が残りやすい貝塚では植物遺体は炭化しない限り残りにくく、このような堆積物中には昆虫は残りにくい。隙間の多い土と接することでバクテリアなどが有機物を分解するからである。

前章までにみてきたように、遺跡出土の昆虫研究は基本的に低湿地などの嫌気性堆積物を主な資料源として研究が進められてきた。低湿地はもちろん水場遺構として食物加工や植物性食料の保存などが行われた場所であるので、それらに関連する人為的な昆虫も発見される場合があるが、全体的に周辺の自然環境から水や風で運ばれてきた昆虫たちが多い傾向がある。これに対して、コクゾウムシに代表されるように、土器圧痕《あっこん》昆虫は人の生活に密着した種、いわば人共生種（害虫を含む）がほとんどであった。よって、人に近い昆虫を探そうとするなら土器圧痕が一番である。

嫌気性堆積物の中では昆虫遺体も残りやすいが、それには限度があり、出てくる昆虫の種類は硬い外殻をもつ甲虫目と双翅《そうし》目（ハエ）の囲蛹殻《いようかく》がトップ2である。つまり、トンボヤチョウも土壌中にまれに残るが、かなり繊細で壊れやすいため、回収が難しい。土壌中から昆虫遺体を検出する方法には、水やパラフィンを使用して土と昆虫遺体を分離する方法があるが、この場合は関節が外れやすく、甲虫もバラバラになって出てくる。よって同定が難しくなる。これ以外に土をブロック状に割りながら昆虫遺体を検出する方法も併用されるが、偶然に左右され、すべてを回収できない。ただし、この場合は運がよければ各関節がつながった状態の甲虫を検出することも可能である。

　これに対し圧痕資料は、以下の点で優れている。

①柔らかい組織も圧痕部表面に反映されるため、甲虫以外のものも多く含まれる。ハエやクモなども含まれるし、蛹《さなぎ》（囲蛹殻）ではなく幼虫も含まれる。

②昆虫の体全体や表面組織がよく保存（土器粘土に転写）されており、同定に有利である。

③土器粘土中に入った状態の数と種類がそのまま出てくる。つまり、後代の汚染や消失もない。

④X線機器やX線CTスキャナーなどを

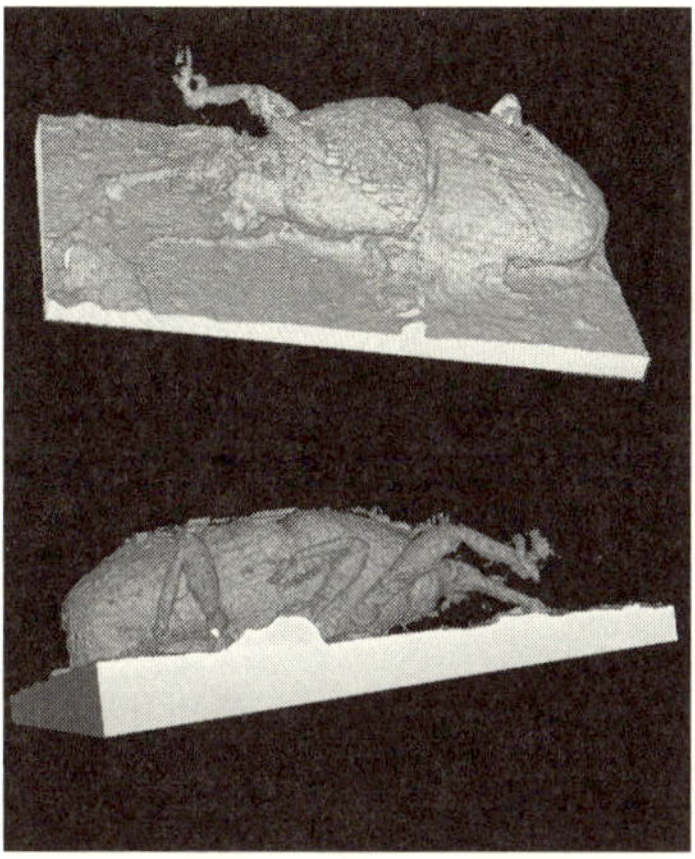

三内丸山遺跡の3Dコクゾウムシ
X線CTスキャナーを使って圧痕を3D像に復元すると、口や脚部などの細部まで復元可能である。

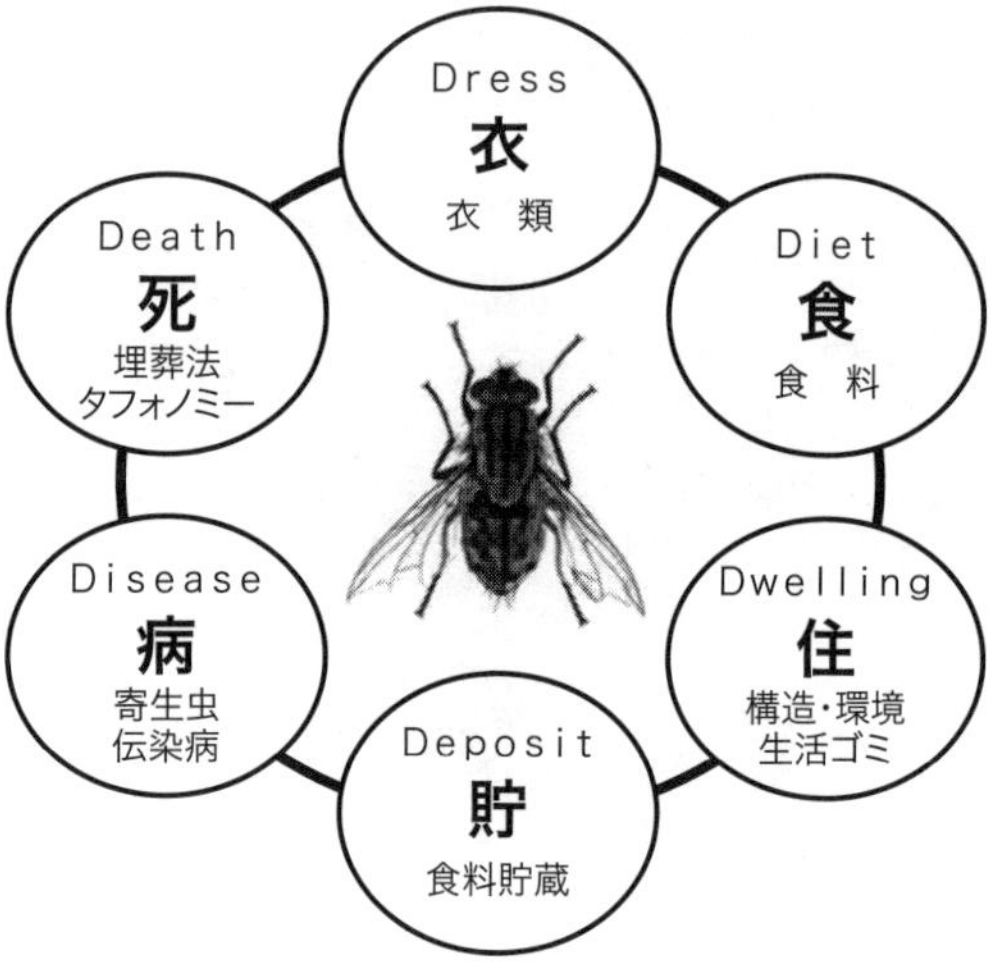

ムシが明らかにする先史・古代のヒトの生活6D

使えば、土器器壁内部の圧痕も検出可能であり、検出率が上がる。

つまり、理論上は土器器壁以上の大きさをもつもの以外は、すべての昆虫を捕らえることができる。ただし、逆にカブトムシやクワガタのような大きな昆虫は土器では捕らえられないということになる。

土器圧痕昆虫はこのような特性を十分に理解した上で用いれば、従来、土壌出土の昆虫資料では描けなかった、より細かな家屋内環境や食物組成、その保存法などを復元する基礎資料として十分な力を発揮するものと思われる。その一端は各章で示した通りである。ただし厳密にいえば、現状では幼虫など同定が難しいものが多く、コクゾウムシなどの貯蔵食物害虫や一部の食材害虫などの甲虫類を除けば、十分な研究が行われている訳ではない。今後のさらなる資料の増加と研究の深化が望まれる。

2　害虫ではなかった害虫たち

Ⅰ章3節で紹介した梅谷献二氏の『マメゾウムシの生物学』（1987）の中には、その第1章に「害虫の出現」と題した興味深い話が出てくる。害虫は農業の開始とともに出現するという話である。その仕組みは、単一の単調な植物が選択され、ある限られた区画に栽培されるようになると、それまで複雑な植生の中で複雑な相互関係を長い年月の間に築き上げてきた動物や昆虫たちは、森林や草原の農地化によって突然食料を失うことになる。

逆にその栽培植物に関連した昆虫類だけは大量の食料の恩恵にあずかれるようになる。この結果、農地では昆虫の種類が減り、特定昆虫だけが個体数を増加させることになる。そのような昆虫の多くが害虫であるという。つまり、害虫は「家屋害虫とは何か」の節で述べたような概念上だけの存在ではなく、歴史的に人間が作りだしたものなのである。これは植物で言えば、畑や水田の「雑草」とよく似た生物群なのかもしれない。

より面白いことは、作物にとっても一定面積に同じ種が生育するという環境はそれまで経験したことがなく、その変化は植物にとって有利なはずはなく、害虫が増えてその植物を食い荒らすこと自体が、農作物が自然状態へ戻ろうとする適応であるという。そして、その自然の仕組みに逆らえないのが文明と人であり、人が栽培を持続・拡大することで、害虫は人と共通の食料を奪い合う「敵」に仕立て上げられた。そこで「害虫駆除」という概念が誕生する。

梅谷氏は言う。人が農耕を始めなければもちろん農業害虫はなく、住居を建てなければゴキブリもふつうの虫だったはずだと。そして、我々は、単に害虫駆除をゴミの始末と同義に捉《とら》えるのではなく、害虫であっても、彼らの持つ高等生物としての虫本来の生活や歴史にもっと目を向けるべきだと結んでいる。

害虫は概念的にも物理的にも人が作り出したもの。ここに重い意味がある。これまでみてきた数々の害虫の考古学的な記録はまさにそれを物語っていた。

もう一つ、きわめて重要な視点からこの害虫の発生を捉えているお薦めの本は、瀬戸口明久氏の『害虫の誕生——虫からみた日本史』(2009)である。瀬戸口氏は歴史的にみると「害虫」とは近代に生まれた言葉(概念)であると主張する。その背景にはイナゴの大発生をみてもお札を田んぼに立てて神に祈る明治時代の農民たちの姿や季節ごとの「虫送り」などの行為があり、さらには害虫という文字が江戸時代の農書やそれ以前の史料の中にほとんど登場しないという事実がある。

近代以前は、虫は自然に発生するものと考えられ、農作物を食べられた農民たちは、たたりとして神仏に祈るだけであった。害虫は殺せるものとは考えられていなかったのである。よって、虫送りとは人知を超えた原因を取り除く行為であり、駆除すべきもの、駆除できるものとしての「害虫」の概念の誕生は、近代日本が農業研究体制を整備し、「応用昆虫学」という分野が成立した時期にあたるという。

その後の大正期には都市衛生が政治主導で進められ、私たちの前からハエが次第に消え去っていった。その背景には西洋近代科学を基礎におく化学殺虫剤の研究の進展と使用があったのである。

社会の変化とともに害虫の概念も変化する。とくに農林業の移り変わりや生活の仕方が変わると、害虫でなくなるものもある。たとえば養蚕業が盛んな頃は、蚕の餌にするクワを食害する昆虫は害虫扱いされ駆除されたが、今ではあまり問題にされない。

3　害虫が教える人と昆虫の共生

現代人からすれば田んぼにお札を立てた農民も、クリを食べられた縄文人も、無知で愚かであったという人がいるかもしれない。しかし、その時代はそれが当たり前で、人はそれをありのままに受け入れるだけであった。そこには現代人がそうなった場合に感じる不幸な悲愴《ひそう》感はなかったものと思う。では、害虫防除の技術が発達し、駆除できるものとしての「害虫」意識が浸透してきた結果、我々の生活は本当に豊かになったのであろうか。

害虫防除の歴史をみてみると、第二次世界大戦以前は強力な有機合成殺虫剤はまだなく、無機化合物や天然物を利用した農薬が使われたり、耐虫性品種を育成したり、外来天敵を使ったり、灯火誘殺や人力による害虫の採取・除去など、手間のかかる害虫防除を行っていたが、戦後はＤＤＴなどの強力な合成殺虫剤が出現し、その手間が軽減された。

しかし、これら合成殺虫剤の普及によって、人畜にも被害が出、農薬残留による食品の汚染問題が発生し、深刻化した。なによりも害虫が殺虫剤に対する抵抗性をもち、今まで重要でなかった潜在害虫の密度を上昇させるなど、さらに新たな殺虫剤の開発を余儀なくされる結果を招いた。

しかし、新薬の開発は経済的にも限界があり、１９６０年代後半以降になると、天敵・抵抗性品種・フェロモン・幼若ホルモン・忌避物質・誘引物質の利用や昆虫不妊剤の研究など、総合的な防除法を用い、害虫を絶滅させるのではなく、管理していくという考え・方法へと変化した（瀬戸口2009）。

つまり、うまく害虫と付き合っていくというやり方への転換である。目的の害虫を完全に根絶することはできないし、やってはいけないことである。害虫を駆除して農産物の生産性を上げても、それは一時的なものであり、やがてそれに応じた分害虫も増える。いたちごっこである。「害虫」が社会的な概念であり社会的な産物である以上、今の価値観だけで特定の生物種を絶やしてしまうことは危険であろう。であれば私たちの生活や考え方を変えるべきである。農業を基盤とする社会が発展すると、特定穀物（イネ科植物）への依存度が増して、その生産性の向上が一義的な目的となる。そのような社会では農作物を食べる害虫は「悪」としての側面しか評価されない。その昆虫のもつ本来の生態学的意味は無視されたまま。しかし、縄文時代のように、特定資源に一極集中した経済ではなく、多様な資源利用を行っていた社会では、そのような被害にも寛容であったと推察される。

縄文人もムシに食料を食べられても、それが当たり前であり、少々の被害であれば害虫ごと食べていたのではないだろうか。

農耕が発達した古代社会においても、Ⅳ章5節でみたように、貯穀害虫は加害した米やムギと一緒に食べられていた。節約の意味もあったであろうが、あきらめの境地がそうさせたのだろうか。いやムシをあまり気にしなかったのかもしれない。さらには、エジプトの古代社会ではスカラベに代表される糞虫《ふんちゅう》の神格化や、ミイラについたカツオブシムシに対する司祭者たちの生き物としての尊厳に基づく未殺傷などにみられるように、ムシを「虫けら」と思わない考え方もあった。彼らは、「害虫」に対しても、ともに生きる生き物としての権利を尊重し、ただ追い払うだけだったという（Levinson and Levinson 1994）。

もう一つ、人と昆虫が共生できる場面は、昆虫そのものを食する昆虫食である。現在の世界の昆虫食は温帯から熱帯にかけての地域が中心で、欧米諸国やイスラム教の影響下にある地域ではムシはあまり食べられていないが、アジア、アフリカ、オセアニアなど、それ以外の地域では昆虫食が広くみられるという。

『死の本』36章には、故人が有害な甲虫　「アプシャイト」を槍で突き刺す姿が描かれている。このイラストはプトレマイオス朝期（304BC-30BC）の『タベヘットの死の書』に由来するものと推定される。この描かれた甲虫はカツオブシムシ属もしくはカッコウムシ属の甲虫で、古くから墓の中やミイラの近くから発見されてきたもので、人間の死体の残滓を食べていた甲虫である。これは警告の意味を込めて描かれたものである。エジプトではすべての生き物が生きる権利を等しく持つとの考えから、当時の司祭者は害虫を殺す代わりに追い払うことを好んだという。

『死の本』　虫を追い払う司祭
(Levinson and Levinson 1994より)

その種類は、イナゴ・バッタ類、ケムシ・イモムシ類、アリ、カミキリムシ幼虫、セミ幼虫・成虫、シラミ、カメムシ、コオロギ、トンボ幼虫・成虫、シロアリと多彩である。日本でも古くから昆虫が食べられてきた（野中 2007）。これらは食料がないという理由で食される場合もあるが、その大半は積極的に味を楽しむ、まさにグルメ食ともいえる。私は縄文時代にはムシは当たり前のように食されていたと思う。

将来的な食料としての昆虫食の潜在性はつとに知られている。世界の人口が91億４０００万人に達する２０５０年には世界の食糧流通システムが完全に崩壊する。その際の救世主が昆虫である。昆虫の食料としての優れた点は、種類が多く量も豊富、さらには繁殖力が旺盛で、餌が人の食料と競合しないこと、変温動物でエネルギー効率がよいという点である（内山 2012）。生産性ではハエのウジがもっとも高く、コオロギなどとともにすでに食用としての養殖は実験段階から実用段階に入っている。過去１万年もの長い間イネ科植物と付き合ってきた雑食動物＝人類は、そろそろ食料供給のパートナーを替える時期にきているのかもしれない。

最近めっきりハエやゴキブリを見なくなった。冷蔵庫が各家庭に入り、ハエのたかる生食品が家の中に少なくなったからかもしれない。トイレも水洗トイレは当たり前で、ハエにとっては家の中がまったく興味の湧かない空間になってしまった。さらに現代人の害虫嫌いは極みに達し、人はまったくムシを寄せ付けなくなった。昔は、ゴキブリ捕りはごきぶりホイホイでよかったが、ついに人の目に触れないまま勝手にひっそりと死んでくれる究極の殺虫剤まで現れた。このような極端な衛生意識がますます人からムシを遠ざけ、そのために新たな問題も発生している。寄生虫の話ではあるが、人が彼らを体内から追い出すことで新たな病気や危険性を生み出しているという（藤田 2009）。

もちろん重篤な病を発症する病原菌をもつムシは避けるべきであるが、まったくムシのいない世界というのも人にとっては良い環境とは言えない。コクゾウムシが入った米を食べろとまでは言わないが、無菌・無害虫生活もほどほどがいいようである。

おわりに

今では世界的な貯穀害虫であるコクゾウムシが、イネではなく、ドングリやクリを食べ、縄文人たちの家に棲《す》みついていたことなど、10年ほど前にはわからなかった。また、縄文人たちがダイズやアズキ、さらにはクリを栽培していたことも同様である。この発想の転換のきっかけをつくったのが土器圧痕《あっこん》と呼ばれる、いわば人が作った土器粘土中のタネやムシの化石であった。

この人為化石を追いかけていると、縄文人の家に貯蔵食物害虫以外にもさまざまな害虫がいて、縄文人たちが虫よけ剤を使っていた姿まで想像できるようになってきた。このような状況を今まで誰がイメージしたであろうか。彼らはもともと周辺の森に棲んでいた昆虫であり、縄文人たちが家を造り定住を始め、その中で栽培植物や堅果類の貯蔵を始めるようになると、自然に集まってきて、現代でいう「害虫」となった。

このような植物栽培と害虫の関係の成立は、規模の大小はあれ、それ以降に展開するいわゆる「農耕社会」の前兆版でもある。昆虫が人の生活域に惹《ひ》きつけられ害虫となるメカニズムは、ヨーロッパの新石器時代の集落やローマ時代の城塞《じょうさい》、その後の中世都市や農村

考古学の捕虫網とその違い（小野茜 作）
大きなクワガタは捕れないが、土器はあらゆる土器を捕まえる捕虫網である。

にみられる原理とまったく同じであった。

また、縄文時代の貯蔵食物害虫であるコクゾウムシは、穀物ではないがクリやコナラ属種子に侵入し、その運搬によって日本列島全域に拡散した。これはヨーロッパ・地中海域のムギ栽培伝播《でんぱ》とグラナリアコクゾウムシの拡散の図式にそっくりである。もちろん現代でも同様のことは引き続き規模と地域を拡大しながら起こっている。先史・古代のヨーロッパや地中海域と異なるのは、縄文時代の場合、コクゾウムシ類が遺跡の堆積《たいせき》層よりも土器の粘土中からより多く発見されるという点だけである。

　このコクゾウムシをたくさん入れた土器も見つけた。それまで発見されていたダイズやエゴマなどの種実を多量に混入した土器の存在と併せて考えると、縄文人たちは栽培植物を軸とした生命再生のメカニズム（播《は》種《しゅ》→発芽→発育→開花→結実）を認知しており、それを制御しようとする意志をもっていたのでは、と考えざるを得ない。彼らはクリから出てくる「害虫」を「クリの化身（クリそのもの）」に見立て、再生を願って土器の中に練り込んだ。筆者はそう考える。

しかし、この「意図的混入説」にはいまだ根強い反対がある。ただ、土器圧痕調査が本格的に始まった十数年前のことを思い出していただきたい。私は、将来Ｘ線ＣＴスキャナーなどのＸ線機器による土器圧痕調査（第三の発掘と呼ぶ）が当たり前になれば、いずれ見えてくる世界であると確信している。

今回、恥ずかしながらズブの素人が昆虫について筆を執った。考古遺跡におけるムシの役割については、森勇一先生の名著２冊（雄山閣2012『ムシの考古学』・2016『続ムシの考古学』）で十分に語りつくされており、恥ずかしい限りである。内容に関しては昆虫学者の方々にお叱りを受ける部分が多々あるであろう。しかし、本書で強調したかったのは、土器の中から出てくるムシたちは、遺跡の土壌から出てくるムシたちとはその姿も種類も異なるということ、そして「害虫」という言葉に代表されるように、私たちがとらわれがちな現代的な思考や知識が古い時代を考えるときには通用しない、という２点である。

であれば、土器中のムシを探ることで、今までの昆虫考古学の研究では見えなかった世界が描ける可能性がある。私たち考古学者は、自らの捕虫網の網目のサイズを十分に理解した上で、遺跡から採集したムシたちを正確に定性・定量化し、それをもとに先入観のない自由な発想であらゆる可能性を思考すべきである。

最近、今年5歳になる孫もようやくマイ網をもって昆虫採集の真似事を始めた。博物館に展示してある恐竜化石から生きたカブトムシへ興味が移ってきたようである。彼の虫かごにはまだまだ小さなバッタしか入っていないが、私も土器圧痕法という考古学の捕虫網をもって土器からいろいろなムシをもっともっと集めてみたい。この気持ちが嵩《こう》じて、すでに第二の圧痕とした副葬鉄器上のムシの銹痕《さびあと》も追いかけ始めたところであり、さらには古代や中世のトイレ土壌や井戸の堆積物からもムシを見つけようと現在奮闘中である。いずれ私の標本箱がいっぱいになったらまた皆様にお見せしたいと思う。

今回の執筆にあたり、タイミングよく、平嶋義宏・広瀬俊哉両氏編集の『教養のための昆虫学』（東海大学出版部 2017）が出版され、昆虫に関する基礎知識の蓄積に大いに役立った。また、山崎英雄氏の『昆虫博士入門』（全国農村教育協会 2014）や丸山宗利氏の『昆虫はすごい』（光文社 2014）、石川良輔氏の『昆虫の誕生――一千万種への進化と分化』（中公論社 1996）にも昆虫を知る上で十分助けられた。害虫全般に関する知識は、日本家屋害虫学会編『家屋害虫事典』（井上書院 1995）と安富和男・梅谷献二両氏の『原色図鑑　改訂衛生害虫と衣食住の害虫』（全国農村教育協会1995）、貯蔵食物害虫に関する知識は原田豊秋氏『食糧害虫の生態と防除』（光琳書院1971）と吉田敏治・渡辺直・尊田望之各氏による『図説　貯蔵食品の害虫――実用的識別法から防除法まで』（全国農村教育協会1989）、ハエなどの衛生害虫に関する知識は、鈴木猛・緒方一喜両氏の『改訂増補　日本の衛生害虫――その生態と駆除』（新思潮社1978）と林晃史・篠永哲両氏の『ハエ――生態と防除』（文永堂1979）から得た。異分野の文献に触れてみて昆虫学の緻密《ちみつ》な分析と記述に感服した。これらを執筆された昆虫学者の方々に敬意を表したい。

最後になるが、本書の執筆を勧めてくださったKADOKAWA、執筆にあたりさまざまなご助言を頂戴し煩雑な編集作業を引き受けてくださった竹内祐子さんにまず御礼申し上げたい。昆虫、とくにコクゾウムシについては、日頃からさまざまなご教示をいただいている、森本桂先生、宮ノ下明大氏、かつての調査でさまざまなご助言とご教示と資料調査のご便宜を頂戴した、宮武頼夫氏、森勇一先生、今坂正一氏、辻英明先生にも御礼申し上げたい。

また、ここに提示したコクゾウムシをはじめとする膨大な数の圧痕資料は日本各地の文化財行政の機関のご協力で得られたものである。紙面の都合上、お名前は挙げることができないが、調査にご協力いただいた機関とお世話していただいた調査員・学芸員の皆様に厚く御礼申し上げます。

平成30年猛暑盛夏

クーラー故障中の研究室にて

小畑弘己

参考・引用文献

Ⅰ章

Utida S. 1972 Density dependent polymorphism in the adult of *Callosobruchus maculatus* (Coleoptera, Bruchidae). *Journal of Stored Products Research*, 8. pp. 111–125.

梅谷献二 1987『マメゾウムシの生物学』、築地書館

小畑弘己 2013「ヨーロッパ・地中海地域における昆虫考古学研究――圧痕家屋害虫学の提唱（その1）」『先史学・考古学研究と地域・社会・文化論』、82-108頁、高橋信武退職記念論文集編集委員会

大原昌宏・澤田義弘 2012『パラタクソノミスト養成講座 昆虫（初級）目までの分類と同定編』、北海道大学総合博物館

日本家屋害虫学会編 1995『家屋害虫事典』、井上書院

平嶋義宏・広瀬俊哉編 2017『教養のための昆虫学』、東海大学出版部

丸山宗利 2014『昆虫はすごい』、光文社新書

山崎秀雄 2014『昆虫博士入門』、全国農村教育協会

吉田敏治・玉村芳信・河野謙二・高橋幸一・宅万敏和・島原壽夫 1956「コクゾウの訪花について」『宮崎大学学芸部研究時報』1-2、137–178頁

吉田敏治・渡辺　直・尊田望之　1989『図説　貯蔵食品の害虫――実用的識別法から防除法まで』、全国農村教育協会

Buckland P. C. 1990 Insects, Granaries and Stores -The Archaeology of Insect Synanthropy-. *La préparation alimentaire des céreals*. pp. 69-81, Belgium.

Buckland P. C., Panagiotakopulu E. and Buckland P. I. 2004 Fossil insects and the Neolithic: Methods and Potential. *ANTAEUS*, 27. pp. 235-352.

Dincauze D. F. 2000 *Environmental archaeology -principles and practice-*. Cambridge University Press.

Fuller D. Q. 2007 Contracting patterns in crop domestication and domestication rates: Recent archaebotanical insights from the Old World. *Annals of Botany* 100, pp. 903-924.

Plarre R. 2010 An attempt to reconstruct the natural and cultural history of the granary weevil, *Sitophilus granarius*（Coleoptera: Curculionidae）. *Eur. J. Entomol*, 107. pp. 1-11.

Ⅱ章

大阪市立自然史博物館　1996『第23回　特別展　昆虫の化石――虫の4億年と人類』

大田区立郷土博物館編　1997『トイレの考古学』、東京美術

小畑弘己　2013「土器圧痕として検出された昆虫と害虫――圧痕家屋害虫学の提唱（その2）」『丹羽佑一先生退任記念論集　私の考古学』、103-123頁、丹羽佑一先生退任記念事業会

小畑弘己　2016『タネをまく縄文人——最新科学が覆す農耕の起源』、吉川弘文館

宮武頼夫　1995「二条大路上 SD5100・5300 出土の昆虫遺体」『平城京左京二条二坊・三条二坊発掘調査報告—長屋王邸・藤原麻呂邸の調査』、奈良国立文化財研究所学報第54冊、571-572 頁

宮武頼夫　1999「昆虫遺体が語る昔の日本人の生活環境」『環動昆』10-3、111-119 頁、日本環境動物昆虫学会

森　勇一 2004「昆虫考古学」『環境考古学ハンドブック』、351-366 頁、朝倉書店

Buckland P. C. 1990 Insects, Granaries and Stores -The Archaeology of Insect Synanthropy-. *La préparation alimentaire des céreals*. pp. 69-81, Belgium.

Dincauze D. F. 2000 *Environmental archaeology -principles and practice-*. Cambridge University Press.

Elias S. A. 1994 *Quaternary insects and their environments*. Smithsonian.

Elias S. A. 2010 Advances in quaternary entomology. *Developments in Quaternary Science,* 12. Elsevier.

Kenward H. K., 1985 Outdoors-indoors? The outdoor component of archaeological insect assemblages. *Palaeobiological investigations. Research Design, Methods and Data Analysis*. pp.97-104.

Panagiotakopulu E. 2000 Archaeology and entomology in the Eastern Mediterranean: Research into the history of insect synanthropy in Greece and Egypt. *BAR International Series* 836.

Smith D. N. 1996 Thatch, turves and floor deposits: a survey of Coleoptera in materials from abandoned Hebridean blackhouses and the implications for their visibility in the archaeological record.

Journal of Archaeological Science, 23. pp. 161-174.

Smith D. N. 2000 Detecting the nature of materials on farms from Coleoptera: a number of taphonomic problems. *Taphonomy and interpretation*. edited by Huntley, J. P. and Stallibrass, S. Oxford, Oxbow Books, pp. 71-83.

Smith D. and Kenward H. 2012 Well, Sextus, what can we do with this? The disposal and use of insect-infested grain in Roman Britain. *Environmental Archaeology*, 17-2. pp. 141-150.

Ⅲ章

朝比奈正二郎　1991『日本産ゴキブリ類』、中山書店

小西正泰　1983「ゴキブリの文化史」『環境衛生』36-6、8-14頁、環境衛生研究会

佐伯英治　1998「マダニの生物学」『動薬研究』（バイエル薬品株式会社）第57巻第5号 13-21頁

重住　豊　1975「ダニ圧痕の土器を出土した松ノ木遺跡」『考古学ジャーナル』113、14-15頁、ニュー・サイエンス社

鈴木知之　2012『虫の卵ハンドブック』、文一総合出版

田家　康　2014『異常気象が変えた人類の歴史』、日経プレミアムシリーズ262、日本経済新聞社

辻　英明　2003「ゴキブリ」『家屋害虫事典』、105-120頁、日本家屋害虫学会編、井上書院

日本家屋害虫学会編　1995『家屋害虫事典』、井上書院

藤田紘一郎　2009『寄生虫のひみつ』、ソフトバンク　クリエイティブ

安富和男・梅谷献二　1995『原色図鑑　改訂　衛生害虫と衣食住の害虫』、全国農村教育協会

Allison B. 2004 Irritating Intimates: The Archaeoentomology of lice, fleas, and bedbugs. *Northeast Historical Archaeology,* 33. pp. 81–90.

Baker A. S. 2009 Acari in archaeology. *Exp Appl Acarol*; 49. pp. 147–160.

Dixon E. J. 2001 Human colonization of the Americans: timing, technology and process. *Quaternary Science Review*, 20. pp. 277–299.

Gonçalves M. L. C., Araújo A. and Ferreira L. F. 2003 Human intestinal parasites in the past: New findings and a review. *Memorias do Instituto Oswaldo Cruz*, 98（1）. pp. 103–118.

Kumamoto University 2016 Japanese earthenware time capsules contain 4,300–year–old cockroach egg case impressions. Eurek Alert!, Public Release: 21–Feb–2016 http://www.eurekalert.org/pub_releases/2016–02/ku–jet022116.php

Mumcuoglu K. Y. 2008 Human lice: Pediculus and Pthirus. *Paleomicrobiology; Past Human Infections.* pp. 215–222.

Panagiotakopulu E. 2004 Pharaonic Egypt and the origins of plague. *Journal of Biogeography*; 31. pp. 269–275.

Poinar J. G. 2014 Evolutionary history of terrestrial pathogens and endoparasites as revealed in fossils

and subfossils. *Advances in Biology*, Vol. 2014, Article AD 181353, 29 pages. http://dx.doi.org/10.1155/2014/181353.
Reed D. L., Smith V. S., Hammond S. L., Rogers A. R. and Clayton D. H. 2004 Genetic analysis of lice supports direct contact between modern and archaic humans. *PLOS ONE*, https://doi.org/10.1371/journal.pbio.0020340

Ⅳ章

大田区立郷土博物館編　1997『トイレの考古学』、東京美術
金原正明　2017「ウンコからわかること」『縄文の奇跡！東名遺跡』、191–193頁、佐賀市教育委員会編、雄山閣
金原正明・金原正子 1994「鴻臚館跡の土坑（便所遺構）における寄生虫卵・花粉・種実の同定分析」『鴻臚館跡４』、25–38頁、福岡市埋蔵文化財調査報告書第372集、福岡市教育委員会
芝　康次郎・佐々木由香・バンダリ　スダルシャン・森　勇一　2013「平城宮東方官衙地区SK19198の自然科学分析——第440次」『奈良文化財研究所紀要 2013』、209–215頁
藤田紘一郎　2009『寄生虫のひみつ』、ソフトバンク　クリエイティブ
松井　章　1997「トイレ考古学の世界」『トイレの考古学』、165–182頁、大田区立郷土博物館編、東京美術

松井　章　2005『環境考古学への招待』、岩波新書930、岩波書店
三橋　淳　2012『昆虫食文化事典』、八坂書房
宮武頼夫　1992「昆虫遺体」『藤原京跡の便所遺構』、奈良国立文化財研究所
宮武頼夫　1995「二条大路上SD5100・5300出土の昆虫遺体」『平城京左京二条二坊・三条二坊発掘調査報告—長屋王邸・藤原麻呂邸の調査』、奈良国立文化財研究所学報54冊、571–572頁
宮武頼夫　1999「昆虫遺体が語る昔の日本人の生活環境」『環境動物学・昆虫学』10–3、111–119頁、日本環境動物昆虫学会
Buckland P. C. 1990 Insects, Granaries and Stores –The archaeology of insect synanthropy–. *La préparation alimentaire des céreals*, pp. 69–81.
Elias S. A. 2010 Advances in quaternary entomology. *Developments in Quaternary Science*, 12. Elsevier.
Madsen D. B. and Kirkman J. E. 1988 Hunting hoppers. *American Antiquity*; 53. pp. 593–604.
Osborne P. J. 1983 An insect fauna from a modern cesspit and its comparison with probable cesspit assemblage from archaeological sites. *Journal of Archaeological Science*, 10. pp. 453–463.
Smith D. and Kenward H. 2012 Well, Sextus, what can we do with this? The disposal and use of insect-infested grain in Roman Britain. *Environmental Archaeology*, 17–2. pp. 141–150.
Smith D. N. 2013 Defining an indicator package to allow identification of ‘cesspits’ in the archaeological record. *Journal of Archaeological Science*, 40. pp. 526–543.

V章

高津光洋　2016『検死ハンドブック　改訂3版』、南山堂

田中良之　1999『人骨および人骨付着昆虫遺体からみた古墳時代モガリの研究』、平成9～10年度科学研究費補助金（基盤研究 c-2）（研究課題番号 09610407）研究成果報告書

田中良之　2004「殯再考」『福岡大学考古学論集』、661-678頁

林　晃史・篠永　哲　1979『ハエ——生態と防除』、文永堂

舟山眞人・浅村英樹　2015　舟山眞人「個体死」・浅村英樹「死体現象」『法医学　改訂3版』、13-30頁、福島弘文編、南山堂

マディソン・リー・ゴフ（垂水雄二訳）　2002『死体につく虫が犯人を告げる』、草思社

和田晴吾　2014「第6章　黄泉国と横穴式石室」『古墳時代の葬制と他界観』、123-136頁、吉川弘文館

Huchet J. B. and Greenberg B. 2010 Flies, Mochicas and burial practices: a case study from Huaca de la Luna, Peru. *Journal of Archaeological Science*, 37. pp. 2846-2856.

Jason H. B. and James L. C. 2010 *Forensic entomology: The utility of arthropods in legal investigations.* CRC Press.

Smith K. G. V. 1986 *A manual of forensic entomology*. Cornell University Press, Ithaca, New York.

Smith K. G. V. 1989 *An introduction to the immature stages of British flies.* Handbooks for the identification of British insects Vol. 10, part 14, Royal entomological society of London.

Ⅵ章

会田　進・山田武文・佐々木由香・輿石　甫・那須浩郎・中沢道彦　2015「岡谷市内縄文時代遺跡の炭化種実及び土器種実圧痕調査の報告（本編）」『長野県考古学会誌』150、10-45頁、長野県考古学会

今村啓爾　1989「群集貯蔵穴と打製石斧」『考古学と民族誌』、61-94頁、渡辺仁教授古稀記念論文集刊行会

小畑弘己　2016「害虫と食料貯蔵——縄文コクゾウムシが語る多様な堅果類貯蔵」『海と山と里の考古学——山崎純男博士古稀記念論集』、107-118頁、山崎純男博士古稀記念論集編集委員会

小畑弘己　2018「大分県中津市法垣遺跡出土の土器圧痕および種実・動物遺体調査報告」『法垣遺跡―本文、遺構・遺物図版、石製品写真図版・観察表編―事務所建設・道の駅建設に伴う埋蔵文化財発掘調査報告書（2）』、中津市文化財調査報告第84集、371-390頁、中津市教育委員会

坂口　隆　2003『縄文時代貯蔵穴の研究』、未完成考古学叢書5、アム・プロモーション

佐々木由香・山本　華・米田恭子・阿部芳郎・須賀博子　2018「上境旭台貝塚土器付着炭化物からみた縄文時代後期前葉の植物利用」『研究ノート』15、55-66頁、茨城県教育財団

辻　圭子・辻　誠一郎・南木睦彦　2006「青森県三内丸山遺跡の縄文時代前期から中期の種実遺体群と植

物利用」『植生史研究』、特別第2号、101–120頁、日本植生史学会

長澤　武　2001『植物民俗』、ものと人間の文化史101、法政大学出版局

中沢道彦　2012「長野県における縄文時代中期の植物質食料利用について」『長野県考古学会50周年プレシンポジウム　縄文時代中期の植物利用を探る』、21–29頁、長野県考古学会縄文中期部会

真邉　彩・小畑弘己　2017「産状と成分からみたカラスザンショウ果実の利用法について」『植生史研究』26–1、27–40頁、日本植生史学会

宮武頼夫　1999「昆虫遺体が語る昔の日本人の生活環境」『環動昆』10–3、111–119頁、日本環境動物昆虫学会

矢野憲一・矢野高陽　2010『楠』、ものと人間の文化史151、法政大学出版局

吉田敏治・渡辺　直・尊田望之　1989『図説　貯蔵食品の害虫――実用的識別法から防除法まで』、全国農村教育協会

Cansian R. L., Astolfi V., Cardoso R. I., Paroul N., Roman S. S., Mielniczki-Pereira A. A., Pauletti G. F. and Mossi A. J. 2015 Insecticidal and repellent activity of the essential oil of *Cinnamomum camphora* var. *linaloolifera* Y. Fujita（Ho-Sho）and *Cinnamomum camphora*（L.）J Presl. var. *hosyo*（Hon-Sho）on *Sitophilus zeamais* Mots.（Coleoptera, Curculionedae）. *Rev. Bras. Pl. Med., Campinas*; 17–4. pp. 769–773.

Imamura K. 1996 *Prehistoric Japan–New perspectives on insular East Asia–*. University of Hawaii Press.

Kislev M. E. 1991 Archaeology and storage archaeoentomology. *New Light on Early Farming – Recent developments in palaeoethnobotany*. pp. 121–136.

Liu C. H., Mishra A. K., Tan R. X., Tang C., Yang H. and Shen Y. F. 2006 Repellent and insecticidal activities of essential oils from *Artemisia princeps* and *Cinnamomum camphora* and their effect on seed germination of wheat and broad bean. *Bioresource Technology*; 97. pp. 1969–1973.

Liu Z. L., Chu S. S. and Liu Q. R. 2010 Chemical composition and insecticidal activity against *Sitophilus zeamais* of the essential oils of *Artemisia capillaris* and *Artemisia mongolica*. *Molecules*; 15. pp. 2600–2608.

Panagiotakopulu E. 2000 *Archaeology and entomology in the Eastern Mediterranean: Research into the history of insect synanthropy in Greece and Egypt*. BAR International Series 836.

Panagiotakopulu E., Buckland P. C. and Day P. M. 1995 Natural Insecticides and insect repellents in antiquity: a review of the evidence. *Journal of Archaeological Science,* 22. pp. 705–710.

Plarre R. 2010 An attempt to reconstruct the natural and cultural history of the granary weevil, *Sitophilus granarius* (Coleoptera: Curculionidae). *Eur. J. Entomol,* 107. pp. 1–11.

Shaaya, E., Kostjukovski, M., Eilberg, J. and Sukprakarn, C. 1997. Plant oils as fumigants and contact insecticides for the control of stored-product insects. *Journal of Stored Products Research,*

33. pp. 7–15.

Ⅶ章

会田　進・酒井幸則・佐々木由香・山田武文・那須浩郎・中沢道彦　2017「アズキ亜属種子が多量に混入する縄文土器と種実が混入する意味」『資源環境と人類』7、23–50頁、明治大学黒耀石研究センター
会田　進・山田武文・佐々木由香・輿石　甫・那須浩郎・中沢道彦　2015「岡谷市内縄文時代遺跡の炭化種実及び土器種実圧痕調査の報告（本編）」『長野県考古学会誌』150、10–45頁
梅谷献二　1987『マメゾウムシの生物学』、築地書館
小畑弘己　2004「磨製石器と植物利用——南九州地方における縄文時代草創期～早期前半の石器生産構造の再検討」『熊本大学文学部論叢』82号、17–45頁、熊本大学文学部
小畑弘己　2008「古民族植物学からみた縄文時代の栽培植物とその起源」『極東先史古代の穀物三』、日本学術振興会平成16～19年度科学研究費補助金（基盤研究B–2）（課題番号16320110）「雑穀資料からみた極東地域における農耕受容と拡散過程の実証的研究」研究成果報告書、43–93頁、熊本大学
小畑弘己　2011『東北アジア古民族植物学と縄文農耕』、同成社
小畑弘己　2014「三内丸山遺跡からみた貯蔵食物害虫 *Sitophilus* 属の生態と進化過程の研究」『特別史跡

三内丸山遺跡年報』17、76-85頁、青森県教育委員会
小畑弘己　2015「エゴマを混入した土器――軟X線による潜在圧痕の検出と同定」『日本考古学』40、33-52頁、日本考古学協会
小畑弘己　2016a『タネをまく縄文人――最新科学が覆す農耕の起源』、歴史文化ライブラリー416、吉川弘文館
小畑弘己　2016b「縄文時代の家屋害虫コクゾウムシ」『昆虫と自然』51-6、24-27頁、ニュー・サイエンス社
小畑弘己　2017「館崎遺跡出土土器の圧痕調査報告」『館崎遺跡』第4分冊、北海道埋蔵文化財センター調査報告書333集、202-212頁
小畑弘己・坂元紀乃・大坪志子　2003「考古学者のためのドングリ識別法」『先史学・考古学論究』Ⅳ、225-288頁
小畑弘己・真邉　彩　2014「三内丸山遺跡北盛土出土土器の圧痕調査の成果とその意義」『特別史跡三内丸山遺跡年報』17、22-53頁、青森県教育委員会
小畑弘己・宮浦舞衣・金原正明・金原美奈子・孫　国平　2018「中国浙江省田螺山遺跡における土器圧痕調査とその成果―*Sitophilus* 属甲虫の発見―」『日本植生史学会第33回大会講演要旨集』、34-35頁、日本植生史学会・滋賀県立琵琶湖博物館
木下周太・石倉秀次　1940「穀象蟲の大きさと環境條件（予報）」『応用動物学雑誌』12-3・4、124-128

頁
佐々木由香　2014「縄文人の植物利用――新しい研究法からみえてきたこと」『ここまでわかった！　縄文人の植物利用』、26-45頁、新泉社
鈴木三男　2016『クリの木と縄文人』、ものが語る歴史33、同成社
中村耕作　2013『縄文土器の儀礼利用と象徴操作』、未完成考古学叢書10、アム・プロモーション
中山誠二　2010『植物考古学と日本の農耕の起源』、同成社
中山誠二・金子直行・佐野　隆　2016「越後山遺跡のダイズ属の種子圧痕」『山梨縣考古學協會誌』24、15-30頁、山梨県考古学協会
中山誠二・佐野　隆　2015「ツルマメを混入した縄文土器―相模原市勝坂遺跡等の種子圧痕―」『山梨県立博物館研究紀要』9、1-24頁
中山誠二・中川真人・西願麻以　2018「シソ属果実を混入した縄文土器―相模原市下原遺跡の事例―」『相模原市立博物館研究報告』26、16-34頁
中山誠二・西願麻以・赤司千恵・前川　優　2017「山梨県花鳥山遺跡における縄文時代前期後葉の植物圧痕」『山梨県立考古博物館・山梨県埋蔵文化財センター研究紀要』33、1-12頁
原田豊秋　1971『食糧害虫の生態と防除』、光琳書院
福井淳一・影浦　覚　2016「館崎遺跡」『2015年日本列島発掘展』、10-11頁、文化庁
マディソン・リー・ゴフ（垂水雄二訳）2002『死体につく虫が犯人を告げる』、草思社

水ノ江和同　1999「西日本の縄紋時代貯蔵穴――低湿地型貯蔵穴を中心に」『考古学に学ぶ』、同志社大学考古学シリーズⅦ、43-54頁
宮ノ下明大・小畑弘己・真邉　彩・今村太郎　2010「堅果類で発育するコクゾウムシ」『家屋害虫』32-2、59-63頁
山崎純男　2005「西日本縄文農耕論」『韓・日新石器時代――農耕問題』、33-55頁、慶南文化財研究院・韓國新石器學會・九州縄文研究會
山田悟郎　2015「植生史が語る北海道の文化」『第30回日本植生史学会北海道大会要旨集』、2-7頁、日本植生史学会・北海道博物館
山田悟郎・柴内佐知子　1997「北海道の縄文時代遺跡から出土した堅果類――クリについて」『北海道開拓記念館研究紀要』25、17-30頁、北海道開拓記念館
吉田敏治・玉村芳信・河野謙二・高橋幸一・宅万敏和・鳥原壽夫　1956「コクゾウの訪花について」『宮崎大学学芸部研究時報』1-2、173-178頁
Tilley C. 1996 *An ethnography of the Neolithic: early prehistoric societies in southern Scandinavia*. New York: Cambridge University Press.
Delobel B. and Grenier A. M. 1993 Effect of non-cereal food on cereal weevils and tamarind pod weevil (COLEOPTERA: CURCULIONIDAE). *Journal of Stored Products Research*, 29-1. pp. 7-14.
Diehl S. R. and Bush G. L. 1984 An evolutionary and applied perspective of insect biotypes. *Annu Rev*

Entomol, 29. pp. 471–504.

Huchet J. B. and Greenberg B. 2010 Flies, Mochicas and burial practices: a case study from Huaca de la Luna, Peru. *Journal of Archaeological Science*, 37. pp. 2846–2856.

Obata H., Manabe A., Nakamura N., Onishi T. and Senba Y. 2011 A new light on the evolution and propagation of prehistoric grain pests: The world's oldest maize weevils found in Jomon potteries, Japan. *PLOS ONE*. https://journals.plos.org/plosone/article?id=10.1371/journal.pone.0014785

Obata H., Morimoto K., and Miyanoshita A. 2018 Discovery of the Jomon era maize weevils in Hokkaido, Japan and its mean. *Journal of Archaeological Science: Reports* 23. pp. 137–156.

終章

内山昭一　2012『昆虫食入門』、平凡社新書 635、平凡社

梅谷献二　1987『マメゾウムシの生物学』、築地書館

瀬戸口明久　2009『害虫の誕生――虫からみた日本史』、ちくま新書 793、筑摩書房

野中健一　2007『虫食む人々の暮らし』、ＮＨＫブックス 1091、日本放送出版協会

藤田紘一郎　2009『寄生虫のひみつ』、ソフトバンク　クリエイティブ

Levinson H. and Levinson A. 1994 Origin of grain storage and insect species consuming desiccated food.

Anz. *Schiidlingskde.*, *Pflanzenschutz*, *Umweltschutz*, 67. pp. 47–59.

小畑弘己（おばた・ひろき）
1959年、長崎県に生まれる。82年、熊本大学法文学部史学科卒業。熊本大学大学院人文社会科学研究部教授、博士（文学）。主な著書に、『タネをまく縄文人　最新科学が覆す農耕の起源』（吉川弘文館、第5回古代歴史文化賞大賞）、『考古学の基礎知識』（共著、角川学芸出版）、『Jr. 日本の歴史１　国のなりたち』（共著、小学館）、『東北アジア古民族植物学と縄文農耕』（同成社）など。

角川選書 610

昆虫考古学《こんちゅうこうこがく》

平成 30 年 12 月 21 日　初版発行

著　者　小畑弘己《おばたひろき》

発行者　郡司　聡

発　行　株式会社 KADOKAWA
東京都千代田区富士見 2-13-3　〒 102-8177
電話 0570-002-301（ナビダイヤル）

装　丁　片岡忠彦　　帯デザイン　Zapp!

印刷所　横山印刷株式会社　　製本所　本間製本株式会社

ISBN978-4-04-703645-1 C0321

角川選書

この書物を愛する人たちに

詩人科学者寺田寅彦は、銀座通りに林立する高層建築をたとえて「銀座アルプス」と呼んだ。
戦後日本の経済力は、どの都市にも「銀座アルプス」を造成した。
アルプスのなかに書店を求めて、立ち寄ると、高山植物が美しく花ひらくように、
書物が飾られている。

印刷技術の発達もあって、書物は美しく化粧され、通りすがりの人々の眼をひきつけている。
しかし、流行を追っての刊行物は、どれも類型的で、個性がない。
歴史という時間の厚みのなかで、流動する時代のすがたや、不易な生命をみつめてきた先輩たちの発言がある。
また静かに明日を語ろうとする現代人の科白がある。これらも、
銀座アルプスのお花畑のなかでは、雑草のようにまぎれ、人知れず開花するしかないのだろうか。
マス・セールの呼び声で、多量に売り出される書物群のなかにあって、
選ばれた時代の英知の書は、ささやかな「座」を占めることは不可能なのだろうか。
マス・セールの時勢に逆行する少数な刊行物であっても、この書物は耳を傾ける人々には、
飽くことなく語りつづけてくれるだろう。私はそういう書物をつぎつぎと発刊したい。
真に書物を愛する読者や、書店の人々の手で、こうした書物はどのように成育し、開花することだろうか。
私のひそかな祈りである。「一粒の麦もし死なずば」という言葉のように、
こうした書物を、銀座アルプスのお花畑のなかで、一雑草であらしめたくない。

一九六八年九月一日　角川源義

シリーズ世界の思想
プラトン　ソクラテスの弁明
岸見一郎

古代ギリシア哲学の白眉ともいえる『ソクラテスの弁明』の全文を新訳とわかりやすい新解説で読み解く。誰よりも正義の人であったソクラテスが裁判で何を語ったかを伝えることで、彼の生き方を明らかにする。

1002 | 216頁

978-4-04-703636-9

シリーズ世界の思想
マルクス　資本論
佐々木隆治

経済の停滞、政治の空洞化……資本主義が大きな転換点を迎えている今、マルクスのテキストに立ち返りこの世界の仕組みを解き明かす。原文の抜粋と丁寧な解説で読む、画期的な『資本論』入門書。

1001 | 568頁

978-4-04-703628-4

浄土思想入門
古代インドから現代日本まで
平岡　聡

インドで誕生したブッダの教えは法然により大きく展開した。結節点である法然を軸に浄土教の教えに迫り、死を隠蔽し、科学の知を万能視して自我の肥大化が進行する、苦悩に満ちた現代を生き抜く知恵を提供。

608 | 256頁

978-4-04-703650-5

エドゥアール・マネ
西洋絵画史の革命
三浦　篤

一九世紀の画家、マネ。伝統絵画のイメージを自由に再構成するその手法は、現代アートにも引き継がれる絵画史の革命だった。模倣と借用によって創造し、古典と前衛の対立を超えてしまう画家の魅力に迫る。

607 | 320頁

978-4-04-703581-2

古典歳時記
吉海直人

日本人は自然に寄り添い、時季を楽しんできた。旬の食べ物、花や野鳥、気候や年中行事……暮らしに根ざすテーマを厳選し、時事的な話題・歴史的な出来事を入り口に、四季折々の言葉の語源と意味を解き明かす。

606 | 224頁

978-4-04-703657-4

ノーベル文学賞を読む
ガルシア＝マルケスからカズオ・イシグロまで
橋本陽介

受賞作家の書き方の特徴とは。各作品の面白さはどこからきているのか。なぜ、その作家は他文化・他言語の人に支持されたのか。古今東西の受賞作を読み直し、多様な作品たちの「面白さ」を作る仕掛けに迫る。

605 | 272頁

978-4-04-703642-0

今川氏滅亡
大石泰史

駿河、遠江、三河に君臨した大大名・今川氏は、なぜあれほど脆く崩れ去ったのか。国衆の離叛や「家中」弱体化の動向等を、最新研究から丹念に検証。桶狭間敗北や氏真に仮託されてきた亡国の実像を明らかにする。

604 | 304頁

978-4-04-703633-8

「かたり」の日本思想
さとりとわらいの力学
出岡　宏

鎮魂、勧善懲悪、さとり、わらい——。人の営みのある限り逃れられない永遠のテーマを、能や狂言、歌舞伎、落語ほか様々な芸能に託し、表現しながら自らの生を全うしてきた日本人の価値観、死生観を俯瞰する。

603 | 288頁

978-4-04-703618-5

日本の風水

諏訪春雄

古代中国から日本に伝わり、都市、住居、墓地を造る際など様々に利用されてきた風水。しかし実は、「気」信仰のない日本は独自に風水の解釈を変容させた。その違いをひもとけば、日本の信仰のありようが見えてくる！

602 | 224頁

978-4-04-703644-4

密談の戦後史

塩田　潮

次期首相の座をめぐる裏工作から政界再編の秘密裏交渉まで、歴史の転換点で行われたのが密談である。憲法九条誕生から安倍晋三再擁立まで、政治を変える決定的な役割を担った密談を通して知られざる戦後史をたどる。

601 | 320頁

978-4-04-703619-2

愛着アプローチ

医学モデルを超える新しい回復法

岡田尊司

慢性うつ、不登校、ひきこもり、ゲーム依存、発達の問題、自傷、過食、ＤＶ等、医学モデルでは対処が難しい心や行動の問題が増えている。それら難しいケースに劇的な改善をもたらす新しい回復法の原理と実践法！

600 | 264頁

978-4-04-703613-0

仏教からよむ古典文学

末木文美士

出家に憧れながらも愛欲の世界にとどまった源氏物語の登場人物たち。その曖昧な生にこそ、王権と仏法の緊張関係が示されているのではないか。源氏・平家物語から能、夏目漱石まで、日本文学の新たな魅力を引き出す。

599 | 328頁

978-4-04-703615-4

角川選書

織田家臣団の謎

菊地浩之

信長の「能力主義」はどこからきたのか？　それは、父・信秀から引き継いだ体制に理由があった！　信長が、自らの家臣団をどのようにして最強の軍団へと成長させていったのか、豊富な史料を使って検証する。

598　312頁

978-4-04-703639-0

「親米」日本の誕生

森　正人

チョコレート・チューインガムから「POPEYE」の時代へ——。戦中の嫌悪から戦後の憧れと憎しみへの急激な変化を経て、日本はどうアメリカを内在させてきたのか。視覚イメージから日本の親米化を読み解く。

597　256頁

978-4-04-703609-3

日本画とは何だったのか

近代日本画史論

古田　亮

伝統絵画と西洋画の接触が産み落とした、近代日本画という表現。それは画家たちに、近代とは、西洋とは、国家とは何かという不断の問いを突きつけることとなった。時代ごとの様式の変遷から描く、圧巻の百年史。

596　416頁

978-4-04-703625-3

死者と先祖の話

山折哲雄

みずからや家族の死を、私たちはどのような形で迎えたらよいのか——。折口信夫『死者の書』と柳田国男『先祖の話』をてがかりに、鎮魂・供養・往生・看取り等から、日本古来の信仰や死生観を見つめ直す。

595　240頁

978-4-04-703594-2